DAS SPRACHBUCH 4

Ausgabe D

Das *bärenstarke* Arbeitsheft

von
Gabi Hahn
Margit Haneder

Das Sprachbuch 4 · Arbeitsheft
Ausgabe D

von Gabi Hahn, Margit Haneder

Zu dem Unterrichtswerk **Das Sprachbuch 4** – Ausgabe D gehören:

Das Sprachbuch 4 – Ausgabe D – Schülerbuch
140 Seiten, vierfarbig
        ISBN   3-7627-**2664**-7
        ISBN 978-3-7627-**2664**-7

Das *bärenstarke* Arbeitsheft 4
112 Seiten, mit Freiarbeitsmaterialien
mit CD-ROM   ISBN   3-7627-**2654**-X
                      ISBN 978-3-7627-**2654**-8
ohne CD-ROM ISBN   3-7627-**2674**-4
                      ISBN 978-3-7627-**2674**-6

Bibu Bär geht in die Wörterschule – Wortkarten zum Grundwortschatz 4
56 Seiten, kartoniert, mit Texten und Reimen
        ISBN   3-7627-**2607**-8
        ISBN 978-3-7627-**2607**-4
4-Stück-Paket   ISBN   3-7627-**2608**-6
                      ISBN 978-3-7627-**2608**-1

Materialien für Lehrerinnen und Lehrer 4
152 Seiten, mit Kopiervorlagen und Lernzielkontrollen, im Ordner
        ISBN   3-7627-**2694**-9
        ISBN 978-3-7627-**2694**-4

Hier findest du die passende Seite des Sprachbuchs. ⟶

= bedeutet: Schreibe in dein Heft.

(3) Die Zahl in der Klammer verrät dir die Anzahl der richtigen Lösungen (hier zum Beispiel 3).

Möchtest du einfache oder schwierige Aufgaben lösen? Die ersten Aufgaben eines Arbeitsblattes sind leicht, die letzten Aufgaben sind etwas schwieriger.

Dosenwerfen

Welche Wörter kannst du sicher aufschreiben? Schreibe sie in die Dosen. Schreibe mit verschiedenen Farben und Stiften.

Bibus Tipp: Du kannst auch in der Wörterliste ab Seite 65 oder in einem Wörterbuch nachschlagen.

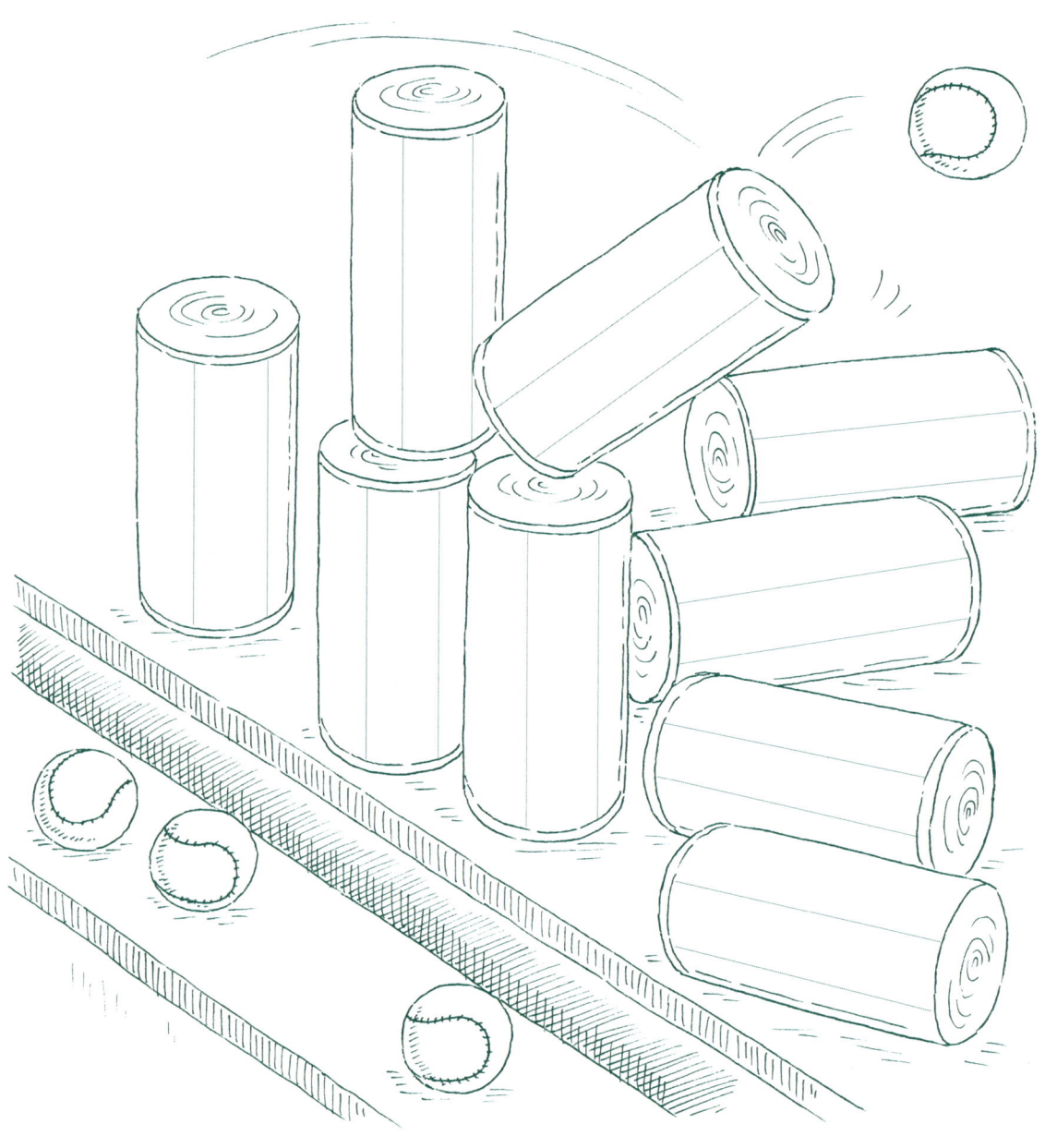

WÖRTERSCHULE

Lernwortschatz

Hier kannst du weitere Wörter eintragen, die du zu dem Rechtschreibfall üben möchtest.

Wörter üben macht Spaß – wenn du lustige und abwechslungsreiche Übungen kennst. Schau dazu in *Das Sprachbuch 4* auf die Seiten 128 und 129! Dort erfährst du auch alles über die Wörterschule – und wie du mit dem Karteikasten üben kannst.

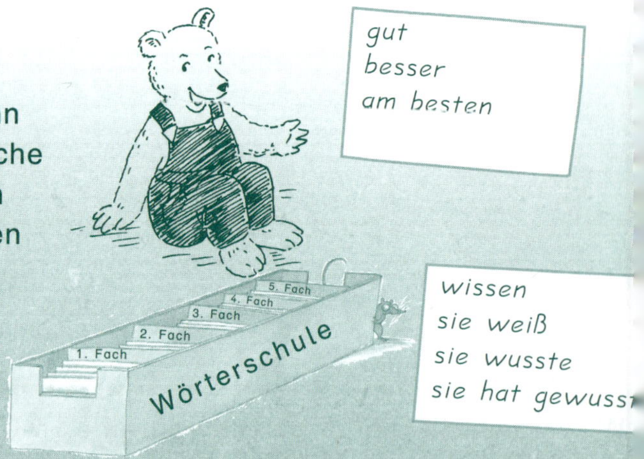
gut
besser
am besten
5. Fach
4. Fach
3. Fach
2. Fach
1. Fach
Wörterschule
wissen
sie weiß
sie wusste
sie hat gewusst

Wortbausteine: Vorsilbe *ent-* ☞ Freiarbeit Seite 19

Name _____

In der Bücherei

WÖRTERSCHULE
entdecken
entgegen
entfernen
entwickeln
_____

1. Bibu möchte vier Bücher ausleihen. Welchen Wortbaustein hat die kleine „Leseratte" in jedem Titel weggeknabbert? Schreibe ihn zu dem Tier.

2. Schreibe die Titel der vier Bücher vollständig auf. Sprich dabei leise mit.

   _____
   _____
   _____
   _____

   Welchen Buchstaben kannst du in dem Wortbaustein *ent-* nicht deutlich hören?
   Du kannst ihn leicht mit *d* verwechseln. Kennzeichne ihn in den Wörtern gelb.

3. Der Wortbaustein *en⊙t-* ist ein **vor**angestellter Wortbaustein.

   Er heißt auch _____silbe.

   Welche weiteren Vorsilben kennst du? _____

4. Setze Wörter aus der Wörterschule passend ein.

    Bibu _____ einen Käfer.

    Bibu _____ einen Fleck.

    Bibu kommt ein Radfahrer _____ .

   Wie heißt die Mehrzahl von Ent?

   Reime mit Bibu:

   Der Wortbaustein en⊙t- ist hier wichtig,

   mit ○ am Ende, das ist _____ .

5

5. Zehn Verben kannst du mit *ent-* verbinden. Male nur diese Felder aus.

(Bildrätsel mit Verben: putzen, lernen, täuschen, warten, führen, drücken, nehmen, fühlen, laden, bleiben, fliehen, können, fallen, kommen, leuchten, locken, beißen, leeren, leben, lassen, wünschen)

Schreibe die Verben mit dem Wortbaustein *ent-* auf.

_____

_____

6. Was macht die Vorsilbe *ent-* mit den Wörtern

fliegen – entfliegen, laufen – entlaufen?

Schreibe zu jedem Bild einen Satz. Sprich über die unterschiedliche Bedeutung.

7. Bilde Wörter mit dem Wortbaustein *ent-*. Verwende folgende Nomen:

das Fett, die Ziffer, das Eis, der Stiel, das Gleis, die Kraft (!)

das Fett: _____   _____

_____   _____

8. Suche weitere Wörter mit der Vorsilbe *ent-*, ein Wörterbuch hilft dir dabei. Bilde Sätze und male dazu.

Wörter mit *tz* ☞ Freiarbeit Seite 19

Name

Schutz nutzen schützt vor Schmutz putzen

WÖRTERSCHULE
Schutz
nützlich
Gesetz
plötzlich
besetzt
spitz
Schmutz
letzte

1. Welche Buchstaben sind vom Schmutz verdeckt? ☐☐ Setze sie ein.

2. Lies die Wörter deutlich. Wie sprichst du den Laut vor *tz*?
   Kreuze an: ○ kurz   ○ lang

3. Schreibe die Wörter aus der Wörterschule nach dem ABC geordnet auf.
   Male *tz* gelb an und kennzeichne den Laut vor *tz*: Mache einen Punkt darunter.

   _____

   _____

4. Male verwandte Wörter mit einer Farbe an. Du erhältst ein Muster.

nüt'zen	letzt'lich	an'spit'zen	zu'letzt	nutz'los
ver'schmut'zen	nütz'lich	letz'ter	be'nut'zen	ge'setz'los
schüt'zen	der Spitz'bart	der Nut'zen	die Spit'ze	der Schüt'ze
schmut'zig	das Ge'setz	schutz'los	der Schmutz'fink	ge'setz'mä'ßig

5. Ordne die Wortfamilien aus Aufgabe 4. Sprich dabei wie ein Roboter in Silben.
   Schreibe die Wörter getrennt auf.

   Beispiel: *nüt-zen, nütz-lich, der Nut-...*

Nachdenken!

Rechtschreib-Trick

Kreuze an, was richtig ist!

Wir trennen Wörter mit tz:
○ zwischen **t** und **z**.
○ nach Silben.
○ nach **tz**.

Nütz-li-che Ge-set-ze schüt-zen uns!

6. Spure nach.

Welche Wörter schreibst du mit *tz*? _____

Welche Wörter schreibst du mit *z*? _____

7. Bilde mit den Vorsilben neue Verben.

an-   vor-   aus-   be-   ver-   ab-

nützen: _____

setzen: _____

schützen: _____

spitzen: _____

schmutzen: _____

8. Schreibe Sätze mit Wörtern aus Aufgabe 7.

9. Oh Schreck! Sogar der Text ist nass geworden.
Schreibe die Geschichte vollständig auf.

<u>Der Hund Muck</u>

Als der Junge, den alle Lippel nannten, aus der Schule kam, begann es plötzlich zu regnen. Schnell holte Lippel seinen Regenschutz aus der Tasche. Der war jetzt nützlich. Da kam der Hund Muck angeflitzt. Freudig sprang er an Lippel hoch. Die Wassertropfen spritzten aus seinem Fell und die schmutzigen Pfoten waren zuletzt überall. Lippel rief: „Platz!" Muck machte die Ohren spitz und setzte sich.

Zusammensetzungen: Nomen ☛ Freiarbeit Seiten 3, 4

Name _____

In der Werkstatt

WÖRTERSCHULE

deutsch
Laub
links
messen
Radio
rechts
schalten
steuern
Technik
treffen
treu
Urlaub

1. Welche Wörter siehst du in der Zeichnung?
   Bestimme die Wortart.

   Auf den Pinseln: _____

   Auf den Farbdosen: _____

2. Bibu will sein Fahrrad bunt anstreichen. Welcher Pinsel
   gehört zu welcher Farbdose? Male beide mit einer Farbe an.
   Setze Verb und Nomen zusammen.

   Schreibe so: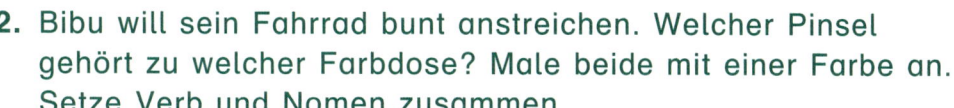

   Kennzeichne die Anfangsbuchstaben der zusammengesetzten Wörter gelb.

   _____
   _____
   _____
   _____

3. In Aufgabe 2 hast du Nomen und Verben zusammengesetzt.
   Welche Wortart entsteht? Kreuze an:

   ◯ Zusammengesetzte Nomen   ◯ Zusammengesetzte Verben

   Wie schreibst du diese Wörter am Anfang?   ◯ klein   ◯ groß

Nachdenken!
Rechtschreib-Trick

Hilf Bibu. Ergänze, was fehlt:

fahren – Rad: das _____

Zusammengesetzte Nomen schreibe ich

_____ .

Original   Fälschung

4. In das rechte Bild haben sich Fehler (9) eingeschlichen. Kreise ein.

5. Setze diese Wörter zusammen. Schreibe so: *kurz - Nachricht: die Kurznachricht*
kurz, treu, Laub,   Säge, Unterricht, Verkehr,
links, Radio, deutsch   Apparat, Schwur, Nachricht

_____

_____

_____

_____

6. Trage die zusammengesetzten Nomen der Reihe nach in die richtigen Spalten ein. Die Anfangsbuchstaben ergeben dann, von oben nach unten gelesen, einen Lösungssatz.

Klärwerk ❀ Angsthase ❀ Privatstrand ❀ Impfpass ❀ Nähnadel ❀ Altpapier ❀

Uhrzeiger ❀ Scharfsinn ❀ Drehscheibe ❀ Essecke ❀ Schönschrift ❀

Tiefflieger ❀ Ratespiel ❀ Ferienzeit

Adjektiv / Nomen	Nomen / Nomen	Verb / Nomen

Das Maß ist voll.

7. Suche Wortfamilien zu „messen" und „treffen". Schau auch in einem Wörterbuch nach.

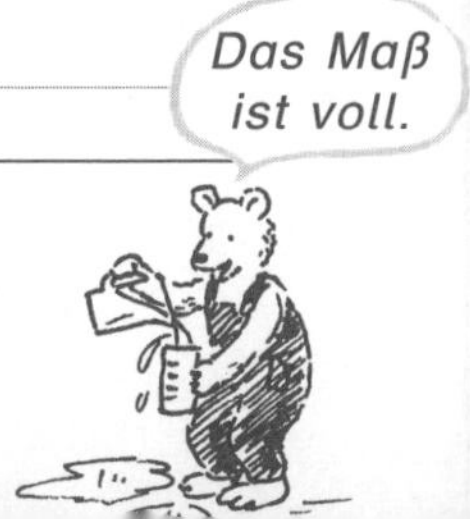

Orthografische Merkstellen — Freiarbeit Seiten 3, 4

Name

Achtung! Prüfung!

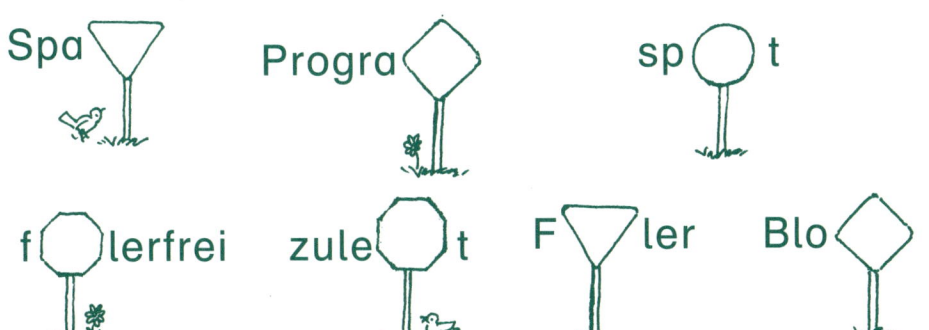

WÖRTERSCHULE
Block
Fehler
fehlerfrei
Programm
Spaß
spät
zuletzt

1. Sprich die Wörter in der Wörterschule deutlich. Welche Buchstaben hörst du nicht – oder nicht deutlich? Kennzeichne sie in der Wörterschule gelb.

2. Trage in die Verkehrszeichen die fehlenden Buchstaben ein. Male auch sie gelb an.
Sprich dabei so: *Feh*ler schreibe ich mit eh.
Nun decke das Wort ab. Schreibe es auswendig auf. Überprüfe, ob du richtig geschrieben hast.

_____

_____

3. Schreibe die Wörter vollständig auf.

letztlich   das Fernsehprogramm   fehlerhaft

_____   _____   _____

spaßig   die Blockschokolade   später

_____   _____   _____

4. Male die Silben, die ein Wort bilden, mit einer Farbe an. Schreibe die Wörter.

feh	blo	spä	ren	frei
spa	zu	ckie	letzt	ßig
ver	Pro	ler	gramm	ten

Merken!

Rechtschreib-Trick

Reime mit Bibu:

Oft muss ich diese Wörter schreiben,

damit sie im Gedächtnis bl_____ .

5. ABC-Rätsel: Welche Wörter (5) sind hier versteckt?
Kreise sie ein.

A	B	B	C	D	F	E	H	L	E	R
Z	U	L	E	T	Z	T	E	F	G	H
I	J	O	K	L	M	S	P	Ä	T	N
O	P	C	Q	R	S	T	U	V	W	X
Y	Z	K	P	R	O	G	R	A	M	M

6. Unterstreiche die Wortfamilien (5) mit verschiedenen Farben.

das Computerprogramm ◆ verspätet ◆ der Spaßvogel ◆ fehlerlos ◆ spaßen ◆ fehlen ◆ der Rechenblock ◆ die Späße ◆ später ◆ programmieren ◆ blockieren ◆ die Spätschicht ◆ spaßig ◆ die Blockade ◆ die Verspätung ◆ der Fehlschlag ◆ das Programmheft

Ordne die Wörter. Kreise immer den Wortstamm ein.

_____

_____

_____

_____

7. Schau dir jedes Wort genau an. Welche Stellen in den Wörtern willst du dir besonders merken? Kennzeichne sie gelb.

<u>Radfahrprüfung</u>

Am Morgen / treffen wir uns / zur Prüfung. / Wir bekommen unsere Räder / und schieben sie / ganz rechts / auf die Fahrbahn. / Dann schauen wir uns um. / Wenn die Straße frei ist, / fahren wir vorsichtig weg. / An der Ecke / biegen wir ab. / Der Lehrer / schreibt unsere Fehler / auf einen Block. / Stefan ist fehlerfrei gefahren. / Die Prüfung / hat uns Spaß gemacht. / Zuletzt bekommen wir alle / einen Fahrradpass. /

8. Ein Diktat für zwei Kinder:

Schreibt die einzelnen Sätze auf Satzstreifen.
Ein Kind liest bis zum Strich, das andere schreibt bis zum Strich.
Beim nächsten Satz wechselt ihr euch ab.
Kontrolliert eure Satzstreifen gemeinsam.
Schneidet sie auseinander und macht daraus ein Dosendiktat.

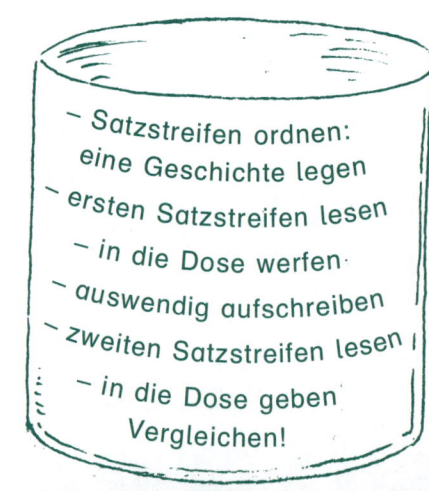

- Satzstreifen ordnen: eine Geschichte legen
- ersten Satzstreifen lesen
- in die Dose werfen
- auswendig aufschreiben
- zweiten Satzstreifen lesen
- in die Dose geben
Vergleichen!

Wiederholung Name:

Das kannst du schon!

Kreuzworträtsel

Schreibe große DRUCKBUCHSTABEN.
(Ä = Ä, Ü = Ü)

waagerecht:

① Gegenteil von früh
② Nomen zu *schützen*
③ Gerät, das Rundfunksendungen überträgt.
④ Viele Maschinen arbeiten mit modernster ...
⑤ Im Fernsehen gibt es viele verschiedene ...
⑥ Das Fernsehgerät kannst du ein- und aus...
⑦ Gegenteil von *rechts*
⑧ Der Platz ist nicht frei, er ist ...

senkrecht:

① Ohne Fehler
② Gegenteil von *schwer*
③ Temperatur kannst du mit dem Thermometer ...
④ Einzahl von *Werke*
⑤ ein anderes Wort für *Ferien*
⑥ Gegenteil von *stumpf*
⑦ anderes Wort für *Dreck*
⑧ In Deutschland spricht man ...

Schreibe die Lösungswörter in Schreibschrift auf. Denke bei den Nomen an die Artikel.

waagerecht: _____

senkrecht: _____

Adjektive

Versuche zu lesen: **Schreibe:** **Setze richtig ein:**

feucht		eine ____ Wiese
schmutzig		ein ____ Schuh
spitz		ein ____ Stift
stark		ein ____ Wind
treu		ein ____ Hund
spät		ein ____ Gast
jüdisch		ein ____ Volkslied
sparsam		ein ____ Kind
fehlerfrei		eine ____ Arbeit
nützlich		ein ____ Werkzeug

Nomen in der Einzahl und Mehrzahl

Schreibe die Einzahl, schreibe die Mehrzahl, ergänze:

der B_____	das R_____	das G_____
die _____	die _____	die _____
der Schreib_____	der _____sender	das Grund_____

Wörter mit *ck* ☞ Freiarbeit Seiten 11, 12

Name _____

Tonscherben

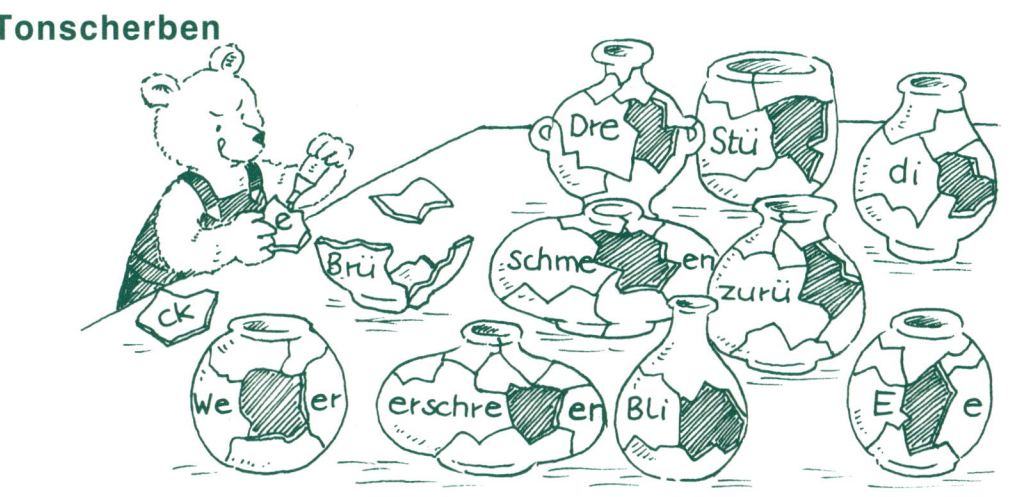

WÖRTERSCHULE

Wecker
Blick
Brücke
dick
Dreck
Ecke
schmecken
erschrecken
Stück
zurück

1. In jedem Gefäß fehlt eine Scherbe.
   Welche Buchstaben fehlen?
   Setze sie ein. Die Wörterschule hilft dir.

2. Lies die Wörter. Wie sprichst du den Laut vor *ck*?
   Kreuze an: ○ lang   ○ kurz

3. Ordne die Wörter nach dem ABC. Schreibe sie auf. Male *ck* gelb an und mache einen Punkt unter den kurz gesprochenen Laut.

   der Bli(ck), _____

   _____

4. Male jede Wortfamilie (4) mit einer Farbe an.

die Ecke	schmecken	erschrocken	der Dreckfleck
der Geschmack	eckig	verdrecken	er erschrak
erschrecken	dreckig	anecken	es schmeckt
der Dreck	der Schreck	geschmacklos	die Eckbank

5. Schreibe die Wortfamilien aus Aufgabe 4 geordnet in dein Heft.
   Suche weitere „Familienmitglieder".

Nachdenken!

Rechtschreib-Trick

Reime mit Bibu. Ergänze:

Eine Lü ___ e

in der Brü ___ e

teilt die Brü ___ e

in zwei Stü ___ e.

6. Lies die Wörter. Kennzeichne den Laut vor *k* oder *ck* so:
Mache einen Strich ‿ unter den langen Laut, einen Punkt • unter den kurzen Laut.

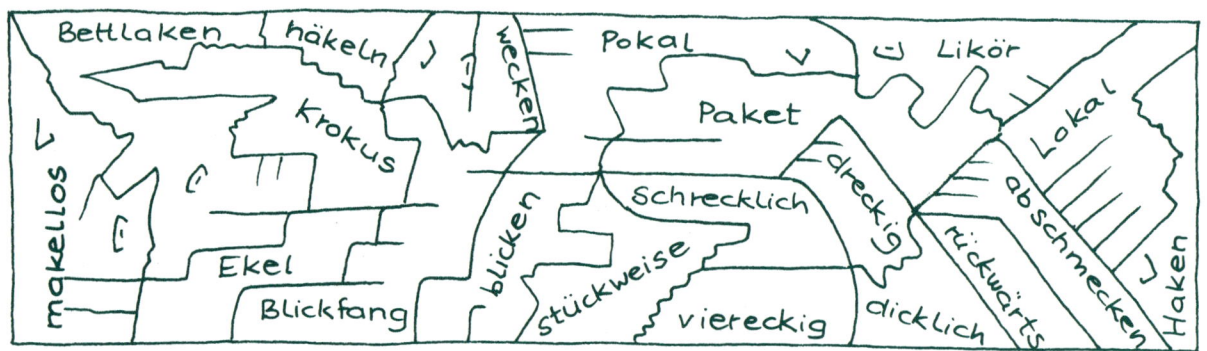

Male nur die Felder farbig, in denen der Laut kurz gesprochen wird.

Du erkennst eine Sphinx, eine ägyptische Zauberfigur aus dem Altertum.

7. Trenne die *ck*-Wörter aus Aufgabe 6. Sprich dabei in Silben.

- ck	ck -
we-cken,	schreck-lich,

8. 1. und 2. Vergangenheit: Immer drei Verben gehören zusammen.
Kreise sie mit derselben Farbe ein und schreibe sie geordnet auf.

sie haben geweckt – er lief – wir blicken – wir sind gelaufen – ihr erschreckt –
du hast geblickt – wir entdecken – ich weckte – er entdeckte – sie liegen –
du bist gelegen – ich habe entdeckt – sie blickte – ich lag – ich laufe –
sie erschrak – du weckst – wir sind erschrocken

9. Schreibe die Geschichte in der 1. Vergangenheit. Kennzeichne *ck* (12) gelb.

Ein schrecklicher Traum

In dieser Nacht bin ich über eine Brücke gelaufen.

Durch eine Lücke im Geländer habe ich hinuntergeblickt.

Plötzlich habe ich seltsame Tonscherben entdeckt. Sie sind in einer

Ecke im Dreck gelegen. Von jedem Stück hat mich ein großes

Auge angeblickt. Ich bin furchtbar erschrocken.

Zum Glück hat mich meine Mutter aufgeweckt.

Wörter mit **V/v** ☞ Freiarbeit Seiten 11, 12

Name

Geheimnisse auf Pergament

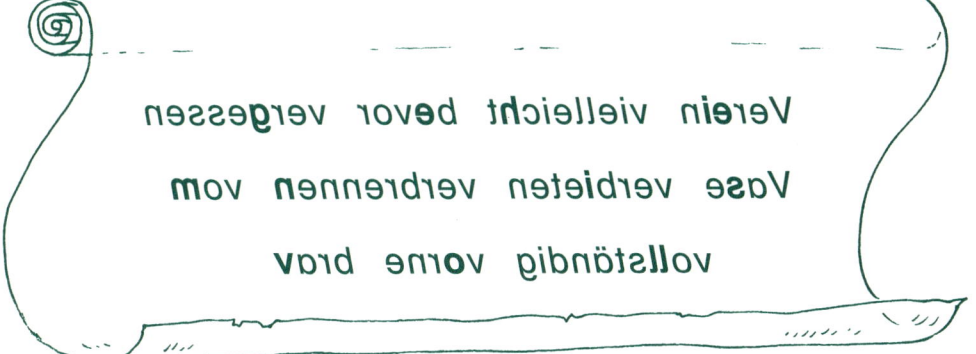

WÖRTERSCHULE

bevor
brav
Vase
verbieten
verbrennen
Verein
vergessen
vielleicht
vollständig

1. Versuche die Wörter auf der Schriftrolle zu lesen.
   Schreibe sie der Reihe nach auf.

   Die **fett gedruckten** Buchstaben verraten das Lösungswort: _____

2. Alle Wörter haben einen Buchstaben gemeinsam. Male ihn gelb an.

3. Schreibe die Wörter vollständig auf.

4. Sprich die Wörter aus der Wörterschule deutlich. Bei welchem Wort sprichst du *V*
   anders als bei den anderen Wörtern? *Die* _____.

   Suche weitere Wörter, in denen du *V* ebenso sprichst. Das Wörterbuch hilft dir.

Rechtschreib-Trick

Merken!

Hilf Bibu! Setze den fehlenden Buchstaben ein.

*Übe wie der Bär so schlau,
die Wörter mit dem Vogel-V:*

der _erein, die _ase.

5. Wie heißen die Blumen, die Bibu in die Vase geben möchte?

Der richtige Weg verrät dir den Namen:

_____

Male die Blumen in der richtigen Farbe an.

6. Male Wörter, die zusammengehören, mit einer Farbe an. Du erhältst ein Muster.

das Verbot	vollständig	der Sportverein	vervollständigen
vergesslich	gebieten	die Vollständigkeit	vereinigen
vereinen	das Vergissmeinnicht	das Gebot	unvollständig
die Vergessenheit	vereinbar	die Vergesslichkeit	das Verbotszeichen

7. Bilde neue Wörter. Kennzeichne die Anfangsbuchstaben gelb.

voll { enden / bringen / kommen }   viel { mals / fach / fältig }   vor { weg / wärts / her }

_____

_____

8. Die alte Pergamentrolle ist zerfallen. Schreibe den Text vollständig auf.

Vom Pergament zum Computer

Heute schreiben wir Texte mit dem Computer.

Vielleicht vergessen wir oft zurückzublicken:

Wie sind eigentlich die ersten Bücher entstanden?

Schon vor 2000 Jahren schrieben die Menschen auf Papier.

Das Papier war dick, sie nannten es Pergament.

Es wurde aus geglätteten und getrockneten Tierhäuten gemacht.

Auf alten Vasen sieht man oft Männer mit Schriftrollen.

Später wurde das Pergament in Vierecke geschnitten und bedruckt.

So war das mit den ersten Büchern.

9. Stell dir vor, du hättest vor über 2000 Jahren gelebt. Worüber würdest du erzählen? Schreibe deine Geschichte auf Pergament (Butterbrotpapier).

Wörter mit *Ä/ä, Äu/äu* — Freiarbeit Seiten 13 – 16

Name

Fantastische Tricks

WÖRTERSCHULE

ärgern
aufräumen
Brände
Gebäude
Geschäft
häufig
quälen
Schärfe
Städte
Strände
Sträuße
Wälder

1. Welcher Zauberstab gehört in welche Schachtel?
   Schreibe die Wörter vollständig auf.

2. Male bei den **verwandten Wörtern** aus Aufgabe 1 gelb an: *ä – a* und *äu – au*.

Bibu kann diese Laute nicht unterscheiden:
ä oder *e*, *äu* oder *eu*? Was kann er tun?

Nachdenken!

Rechtschreib-Trick

○ *Laut sprechen!*
○ *Verwandte Wörter mit a oder au suchen!*
○ *Gut zuhören!*

Original

Fälschung

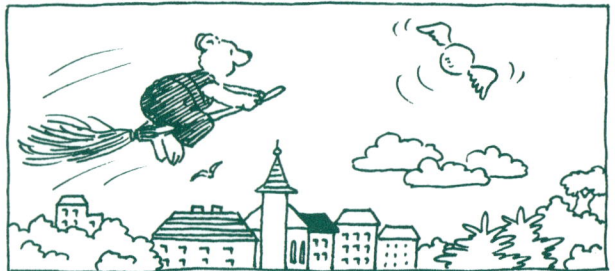

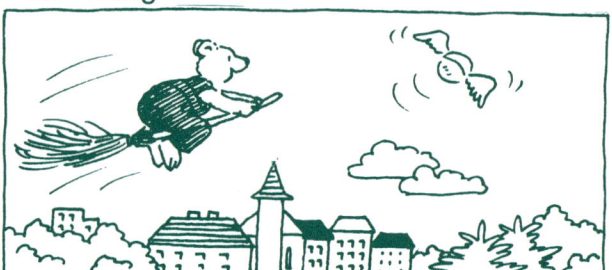

3. Kreise die acht Fehler in der Fälschung ein.

4. Schreibe zuerst die Einzahl. Setze dann die fehlenden Buchstaben in der Mehrzahl ein.

die Dr__hte – der ____________ die K__mme – ____________

die L__nder – das ____________ die Tr__me – ____________

die N__hte – ____________ die R__me – ____________

die __ngste – ____________ die __rzte – ____________

5. Mache nach jedem Wort (8) einen Strich. Suche die verwandten Wörter mit *a*. Schreibe beide Wörter nebeneinander auf.

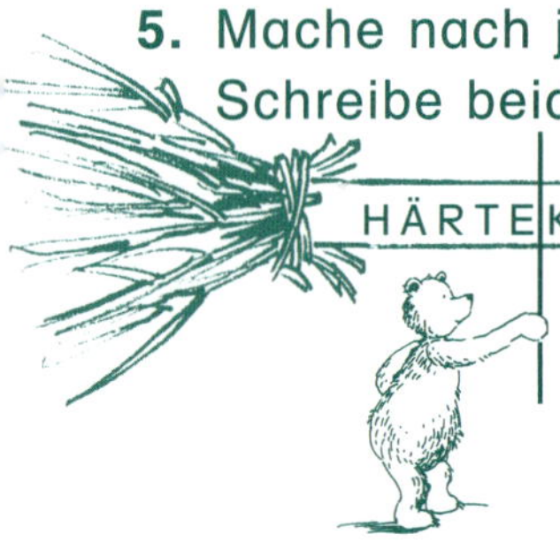

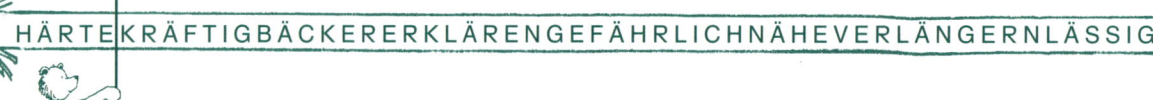

HÄRTE|KRÄFTIGBÄCKERERKLÄRENGEFÄHRLICHNÄHEVERLÄNGERNLÄSSIG

____

____

____

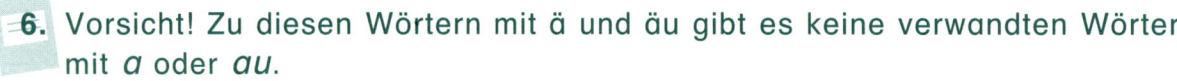

6. Vorsicht! Zu diesen Wörtern mit ä und äu gibt es keine verwandten Wörter mit *a* oder *au*.

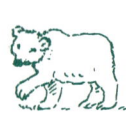

 B ____________

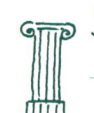

 S ____________

 sp ____________

Suche in deinem Wörterbuch weitere Wörter. Schreibe und male dazu.

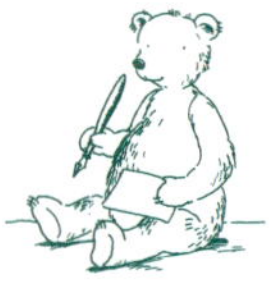

7. Setze richtig ein: *e* **(4)**, *ä* **(8)**, *eu* **(3)**, *äu* **(3)**

L____te, lasst ____ch keinen B____ren aufbinden

B____ren essen g____rne Honig. H____fig sitzen sie unter B____men und versuchen dort die Bienennester auszur____men. Das ____rgert die Bienen in den W____ldern. Sie werden gef____hrlich und stechen ihre Qu____lgeister h____ftig in die Nasen. Dann r____nnen die p____lzigen Tiere ____ngstlich h____lend zu den Bären____rzten. Glaubt ihr das?

Arbeitsheft – bsv Das Sprachbuch 4 – Ausgabe D, Seite 38

Konsonantenverdopplung ☞ Freiarbeit Seiten 13 – 16

Name

Robo räumt auf

be__er bi__chen dü__
Flu__ Go__ Ku__ Mü__
Pa__ pa__en Que__e
Scha__en Schlü__el
schü__eln Sta__ sti__en
kle__ern du__

1. Was ist mit Robo los? Was für Buchstaben verliert er beim Aufräumen?
   ○ doppelte Vokale / Selbstlaute   ○ doppelte Konsonanten / Mitlaute
   Setze die fehlenden Buchstaben ein.

2. Schau dir die Laute vor dem doppelten Konsonanten an.
   Welche Laute erkennst du? Kreuze an (2):
   ○ Konsonanten   ○ Vokale   ○ Zwielaute / Doppellaute   ○ Umlaute

3. Sprich die Wörter deutlich. Wie werden diese Laute gesprochen?
   Male einen Punkt unter den kurzen Laut oder einen Strich unter einen langen Laut.

4. Ordne die Wörter. Denke bei den Nomen an die Artikel.
   Vokal vor doppeltem Konsonanten (13):

   _____

   _____

Merkstellen gelb markieren!

Umlaut vor doppeltem Konsonanten (4):

_____

Hilf Bibu! Ergänze, was fehlt:

Nachdenken!

Rechtschreib-Trick

Der Laut vor dem doppelten
Konsonanten klingt _____.
Gar nicht du̇mm!

21

5. Setze passende Wörter aus der Wörterschule senkrecht ↓ ein. Zeichne die Lösung.

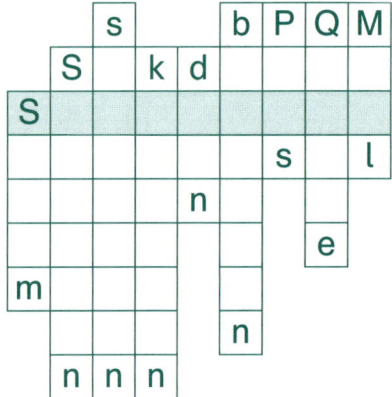

6. Immer zwei Wörter sind verwandt. Warum hat Robo sie so geordnet? Schreibe sie nebeneinander getrennt auf. Sprich dabei wie ein Roboter. Kennzeichne die doppelten Konsonanten gelb.

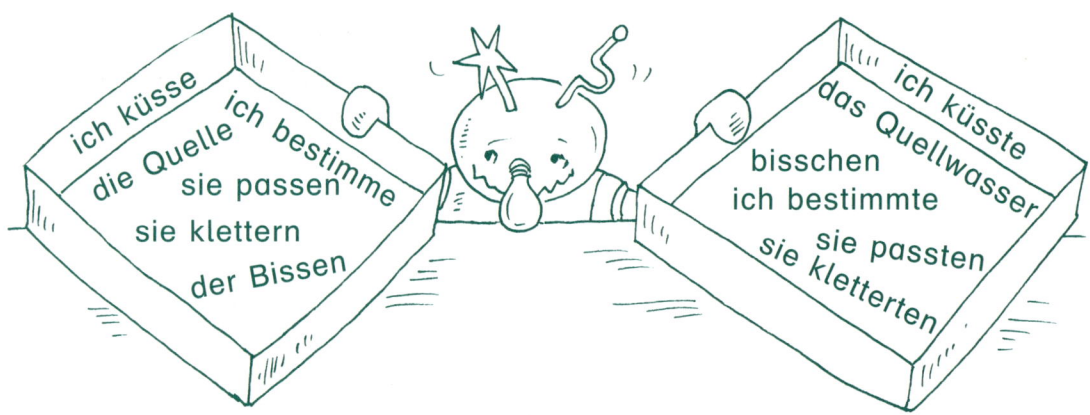

ich küs-se, ich küss-te; _____

_____

_____

_____

7. Ändere den Text. Schreibe ihn in der Zeitform Zukunft auf.

Ein Blick in die Zukunft

Robo räumt auf. Das ist ein hartes Geschäft.

Im Keller klettert er über einen Haufen Müll. Er schüttelt sich vor Ärger. In einer Ecke liegen vertrocknete Blumensträuße, alte Tassen und Löffel, dünner Stoff und rostige Schlüssel.

Robo trägt den Müll aus dem Gebäude. Er quält sich mit einem großen Stück von einem Baumstamm. Vielleicht hilft ihm jemand ein bisschen. Dann schafft er es bestimmt bis zum Mittag.

Sprech- und Schreibsilben • Freiarbeit Seiten 17, 18

Name

Weihnachtsbäckerei

1. Lies die Wörter auf den Plätzchen. Markiere deine Merkstellen gelb.

2. Ordne die Wörter nach den Wortarten.

3. Immer drei Silben ergeben ein Nomen. Male farbig, was zusammengehört.

Eu	nach	pa	Ge	baum	nis
Ge	Feu	burts	er	tag	werk
Weih	ro	ten	Christ	heim	schmuck

Schreibe die Wörter (6) auf.
Sprich da-bei wie ein Ro-bo-ter in Sil-ben mit.

Hilf Bibu! Verbinde die Plätzchen in der richtigen Reihenfolge.

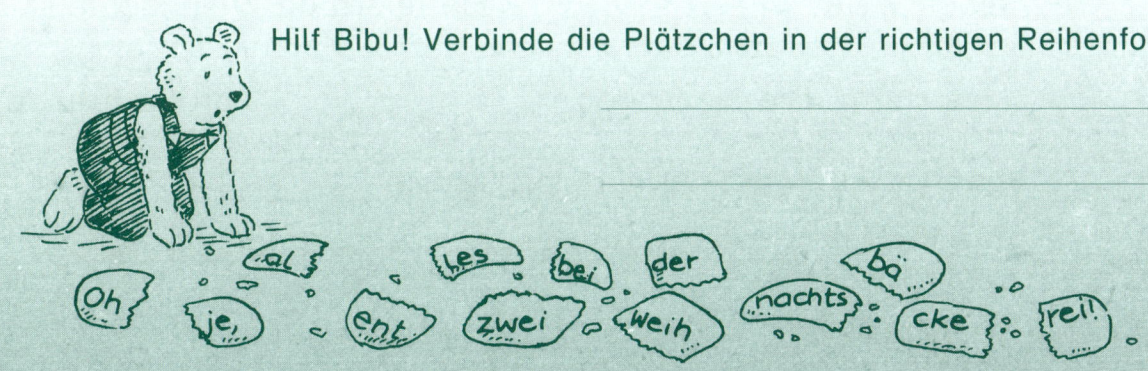

4. Spure die Umrisse der Plätzchen mit verschiedenen Farben nach. Wo ist die Bärchenbackform? Male sie braun an.

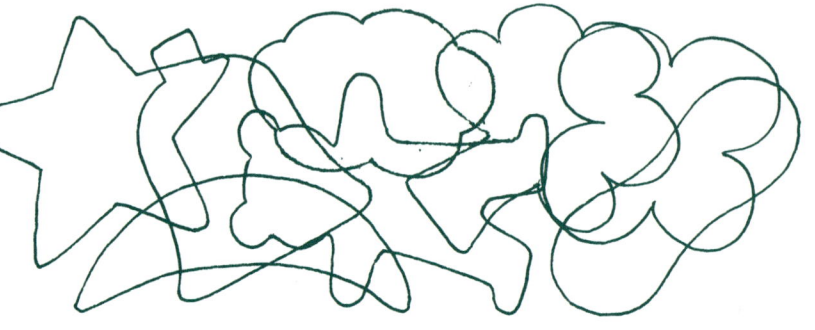

5. Welche Wörter aus der Wörterschule haben diese drei Konsonanten hintereinander? Ergänze die Wörter.

__ m p f __ __ __
   1 2 3

__ __ __ __ c h n __ __
          1 2 3

__ m p f __ __ __ __ __
   1 2 3

Schreibe darunter das Wort getrennt auf. Wo trennst du diese Wörter?
Kreise richtig ein: **Nach dem   1.   2.   3.   Konsonanten.**

6. Suche in der Wörterliste ab Seite 65 Wörter mit drei Konsonanten hintereinander.
★ Schreibe das Wort auf. ★ Unterstreiche die drei Konsonanten. ★ Trenne das Wort.

7. Lauter christliche Namen! Schreibe sie auf.

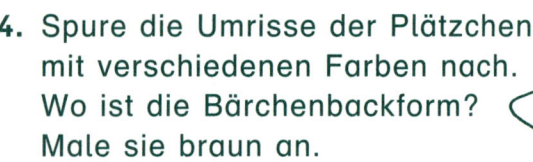

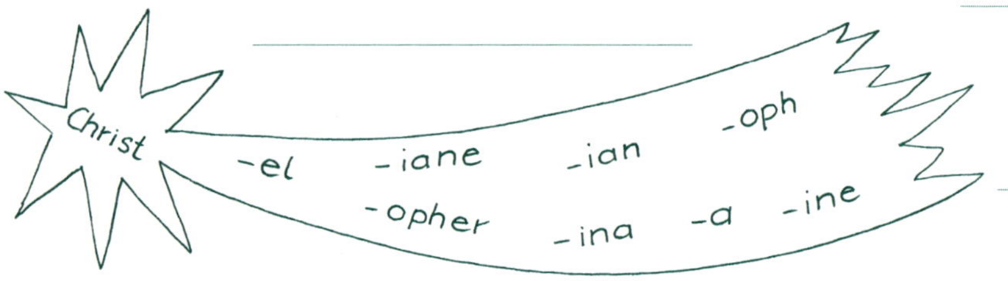

Christ — -el — -iane — -ian — -oph — -opher — -ina — -a — -ine

8. Ergänze die Sätze mit Wörtern aus der Wörterschule. Manche musst du etwas verändern. Schreibe dann den Text getrennt auf.

In ☐☐☐☐☐ leben viele ☐☐☐☐☐☐ . Sie feiern an Weihnachten

die ☐☐☐☐☐ des Herrn. Die Menschen ☐☐☐☐☐☐ große Freude.

B☐☐☐☐☐ Wochen vor dem Fest verschicken sie ☐☐☐☐☐ mit

Geschenken. Lisa ☐☐☐☐☐ einen Engel für Oma. In dieser Zeit

haben alle kleine ☐☐☐☐☐☐☐ .

Lautqualitäten • Freiarbeit Seiten 17, 18

Name _____

Was liegt unter dem Weihnachtsbaum?

  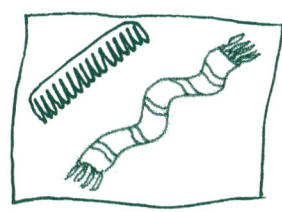

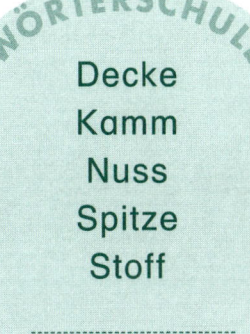

Wörterschule
Decke
Kamm
Nuss
Spitze
Stoff
_____

B _____   B _____   Schal _____

H _____   Sp _____
                           T _____

1. Ergänze und schreibe die fehlenden Nomen zu den Bildern. Die Wörterschule hilft dir dabei. Was davon möchtest du unter dem Weihnachtsbaum finden?

2. Markiere in jedem Wort den ersten Vokal gelb. Sprich die beiden Wörter, die untereinander stehen, deutlich. Was stellst du fest?
   Kennzeichne kurze Vokale mit einem Punkt, lange mit einem Strich.

3. Erinnere dich und kreuze richtig (3) an.
   Nach einem kurz gesprochenen Vokal folgt oft

   ☐ ck   ☐ doppelter Konsonant   ☐ h   ☐ tz   ☐ v

4. Suche in der Wörterliste oder im Wörterbuch weitere Wörter, die dazu passen.

   ck: _____

   tz: _____

   doppelter Konsonant: _____

   _____

Schöne Brücke!

Und was ist mit den Umlauten?

Hilf Bibu! Ergänze, was fehlt:

Nach einem kurz gesprochenen Vokal schreibe ich oft einen

_____

oder _____ *oder* _____ .

25

5. Male nur Bibus Christbaum farbig. Er hat an der Spitze einen Stern. An den Zweigen hängen nur Kugeln und Zapfen. Unter dem Baum liegen acht Geschenke.

6. Kennzeichne die fett gedruckten Laute mit Punkt oder Strich:
sie **i**sst, es tr**a**f, es verg**a**ß, sie w**ei**ß, sie **a**ß, er verg**i**sst, es tr**i**fft, sie w**u**sste.

7. Sprich genau, hör genau! Vokale können sich ändern.
Ergänze die Verben in der Ich-Form.

Grundform	Gegenwart	1. Vergangenheit
vergessen	ich	ich
wissen	ich	ich
treffen		
essen		

8. Welche dieser Vokale werden lang (8), welche werden kurz (16) gesprochen?
Kennzeichne sie mit Strich oder Punkt. Schreibe die Geschichte auf.

Weihnachten

Bereits am Morgen packen die Kinder kleine Pakete. Hanna zeichnet noch ein Bild. Im Haus herrscht eine geheimnisvolle Stimmung. Am Abend sitzen alle voller Erwartung im Wohnzimmer. Oma bekommt eine Wolldecke, Opa bequeme Hausschuhe. Mutter freut sich über einen schönen Stoff, Vater über einen neuen Kamm. Wie viele Christen in Europa gehen sie anschließend noch in die Mitternachtsmesse. „Wir wollen auch die Menschen nicht vergessen, die heute keine Freude empfinden", sagt Vater.

9. Schreibe deine Weihnachtsgeschichte.

Lautgetreue Wörter ☛ Freiarbeit Seiten 5 – 10

Name

Sauberes Wasser?

WÖRTERSCHULE
beobachten
erleben
feucht
Gemeinde
Geruch
stark
strömen

1. Lies die Wörter in der Wörterschule wie ein Roboter. Sprich in Silben.

2. Schreibe die Wörter in Silben. Schreibe in die Zeichnung. Jedes Wort hat seinen Platz.

3. Suche die verwandten Wörter in der Wörterschule.
   Sprich beim Schreiben lang – sam und deut – lich mit!

der Strom –

_____

_____

Mit-spre-chen!

Rechtschreib-Trick

Hilf Bibu. Ergänze, was fehlt:

Ich schreibe viele Wörter richtig,

wenn ich lang – sam und deut – lich

_____ – _____ – _____ .

27

4. Wer hat was an seiner Angel?

5. Mache nach jedem Nomen (5) einen Strich. Schreibe die Wörter in der Mehrzahl und in der Einzahl auf. Denke an die Artikel.

die Gerüche - der _____

_____

_____

6. Bilde Sätze. Ergänze das Nomen im 4. Fall.

| Bibu
Die Kinder
Du
Meine Mutter
Ich | beobachten
riechen
erleben | **Wen?**
oder
Was? |

7. Ergänze die Sätze. Verändere dazu die Wörter in den Klammern.

In den Sommerferien hatte ich ein nettes (erleben) _____ am

Fluss. Ich (beobachten) _____ einen Biber. Er schwamm in

der (strömen) _____ des Flusses. Als ich genauer hinsah,

entdeckte ich, dass der Biber auf seinem (stark) _____ und

kräftigen Schwanz sein Junges mitschleppte. Am ersten Schultag erzählte

ich den anderen Kindern von meiner (beobachten) _____ .

Wörter, Sinnschritte, Sätze aufschreiben • Freiarbeit Seiten 5–10

Name

In der Kläranlage

❶ In unseren Häusern / und in den _____ / wird das _____ stark verschmutzt. /

❷ Deshalb war es / die Aufgabe unserer Gemeinde / eine _____ zu bauen. /

❸ Die Anlage wird / mit _____-Technik gesteuert. /

❹ Durch einen Kanal / strömt das _____ in die _____. /

❺ Zuerst werden große _____ entfernt. /

❻ Alle schweren Stoffe / sinken zu _____. /

❼ Zuletzt kommen / Bakterien ins _____. /

❽ Sie zersetzen / die restlichen _____. /

❾ Schließlich kann das saubere _____ / dem _____ wieder zugeleitet werden. /

1. Lies den Text. Versuche dabei die fehlenden Wörter zu ergänzen.

2. Schreibe die fehlenden Wörter in die Lücken:

Kläranlage (2), Fabriken, Fluss, Wasser (4), Gegenstände, Computer, Boden, Schmutzteilchen

3. Lies die einzelnen Sinnschritte (/). Schau jedes Wort genau an. Markiere die Merkstellen gelb. Sprich dazu.

4. Dein Nachbarkind zählt leise bis ❾. Bei „Halt!" nennt es die Zahl, bei der es stehen geblieben ist. Es diktiert dir den entsprechenden Satz in Sinnschritten. Kontrolliert anschließend gemeinsam. Wechselt euch ab, bis jedes Kind alle Sätze geschrieben hat.

Bibu hilft dir beim Diktieren. Kreuze richtig an:

Ich diktiere immer ○ nur ein Wort.
○ einen Sinnschritt.
○ bis zum Punkt.

Original

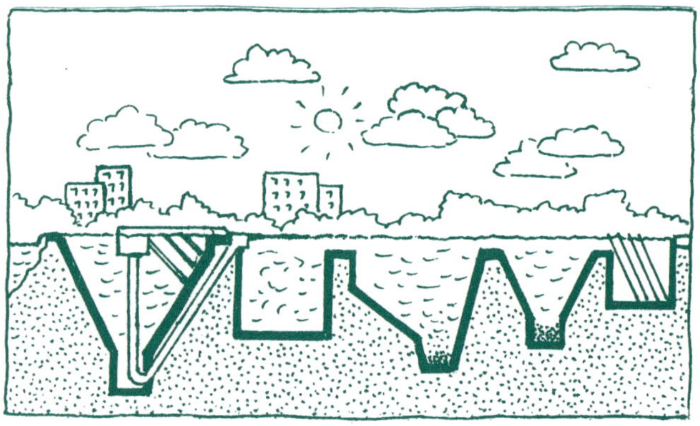

Fälschung

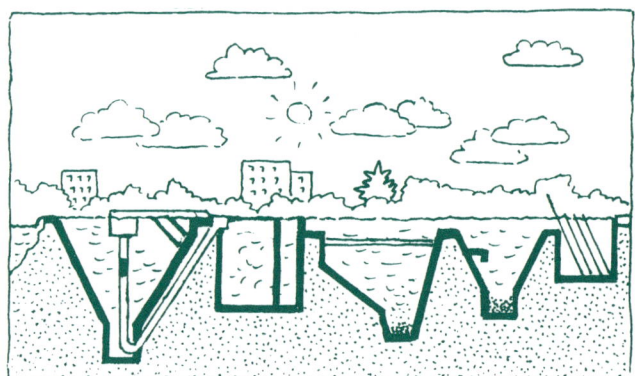

5. In der Fälschung findest du Fehler (10). Kreise sie ein.

6. Die 4 Fälle!

- Lies die Fragen. Unterstreiche die Fragewörter und ergänze den Fall.
- Antworte mit vollständigen Sätzen. Unterstreiche die Wörter, die auf die Fragen antworten.

Wer oder was wird in unseren Häusern stark verschmutzt? ___ Fall

Wen oder was zersetzen die Bakterien? ___ Fall

Wem kann das saubere Wasser wieder zugeleitet werden? ___ Fall

Wessen Aufgabe war es, eine Kläranlage zu bauen? ___ Fall

7. Hier haben sich Fehler (8) eingeschlichen. Streiche die falschen Wörter durch. Schreibe die Sätze richtig auf.

In unseren Hälsen / wird das Wasser stark verschmatzt. /
Es ist Angabe der Gemeinde / eine Klärauflage zu bauen. /
Durch einen Saal / strömt das Wasser in die Kläranlage. /
Alle schwarzen Stoffe / sinken zu Boden. /
Bakterien zersetzen den Schutz. /
Das saubere Wasser / wird in den Fisch zurückgeleitet. /

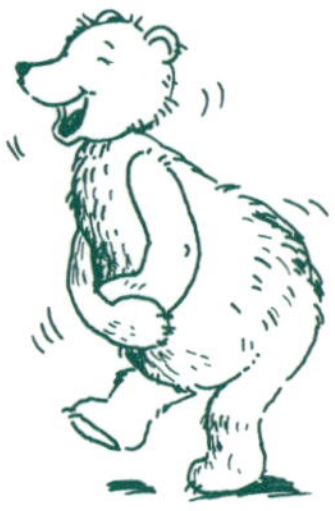

Arbeitsheft – bsv Das Sprachbuch 4 – Ausgabe D, Seite 57

Wiederholung   Name:

Das kann ich schon!

Bilderrätsel

Die Lösungswörter sind in dem Silbenkästchen versteckt. Streiche die passenden Silben durch und schreibe die Lösungswörter in der Einzahl und in der Mehrzahl auf. Denke an die Artikel.

De	Quel	Sträu	Feu	se	se
Schat	Ge	Küs	sel	me	ße
le	le	Flüs	er	Schlüs	cke
se	Nüs	Käm	schäft	Bril	ten

Male das Wort:

Zwei Silben bleiben übrig. Aus ihnen kannst du ein weiteres Wort bilden.

Dieses Wort bleibt übrig: _____ . Schreibe und male es.

das F _____   die F _____

Verben in verschiedenen Zeiten

	Gegenwart	1. Vergangenheit	2. Vergangenheit	Zukunft
ärgern	ich			
	er	ich		ich
zeichnen	ich	er	er	er
	sie	ich		
empfinden	ich	sie		
	es			
entdecken	ich			
	er			
klettern	ich			
	sie			
schützen	ich			
	es			
impfen	ich			
	er			
streiten	ich			
	sie			

Nachgestellter Redebegleitsatz

Name

1. Sprechblasen sind anders als wörtliche Reden in einem Text. Was fehlt (2)?

   R e d e b e g l e i t s a t z   und   A n f ü h r u n g s s t r i c h e

2. Lass die Kinder in einer Geschichte sprechen. Schreibe die Reden auf und ergänze die Satzzeichen bei der Rede („" 3 x) und bei dem Redebegleitsatz (: 3 x).

   Christian fragt ○ ○Womit soll ich die große Girlande befestigen?○

   Fabian ruft _____

   Lisa sagt _____

3. Kreise jeweils den Begleitsatz ein. Markiere den Doppelpunkt gelb.
   Wo steht der Begleitsatz?   ○ vor der Rede   ○ nach der Rede

4. Kreise auch in folgenden Sätzen den Redebegleitsatz ein.

   „Kannst du die Leiter sichern?", fragt Christian.

   „Toll, wie unser Klassenzimmer aussieht!", ruft Lisa.

   „Ich halte sie mit beiden Händen fest", sagt Fabian.

   Wo steht der Begleitsatz jetzt?   ○ vor der Rede   ○ nach der Rede
   Welches Satzzeichen trennt hier die Rede und den Begleitsatz? Markiere es gelb.

5. Bei **einer** wörtlichen Rede fehlt am Schluss das Satzzeichen. Welche Satzart ist das?
   Kreise richtig ein: Fragesatz   Aufforderungssatz   Aussagesatz

Hilf Bibu. Ergänze und verbinde richtig:

„Alles klar?",   sagt Bibu.
„Das weiß ich",   ruft Bibu.
„Super!",   fragt Bibu.

Ein Begleitsatz kann vor oder _____ der wörtlichen Rede stehen.

Original Fälschung

6. Ins rechte Bild haben sich Fehler (8) eingeschlichen. Kreise sie ein.

7. Schreibe die Sätze so auf, dass die Begleitsätze hinten stehen.

Fabian ruft: „Die Tombola ist eröffnet!"

_____

Lisa fragt: „Soll ich die Lose verteilen?"

_____

Christian antwortet: „Das habe ich schon gemacht."

_____

8. Welche Satzzeichen fehlen? „" (6) , (5) : (1) ! (3) ? (2) . (1) Setze ein.

Stellt euch alle zur Polonäse auf   ruft Christian. Wo ist denn Fabian
erkundigt sich Lisa.   Ich habe ihn auch noch nicht entdeckt   entgegnet
Christian.   Huhu, hier bin ich   brummt es laut aus der Ecke.
Christian meint   Er hat sich als Bibu verkleidet   Ob unsere Lehrerin
auch kostümiert ist   fragt Lisa.

9. Schreibe eine Geschichte zu den Bildern. Verwende die wörtliche Rede.

Wörter mit *ie* ☞ Freiarbeit Seiten 20–22

Name

Faschingsrätsel

| Frieden | Miete | schief | spazieren | Stiel | |
| Kiefer | niemals | Beispiel | schwierig | | Spiegel |

1. Trage die Rätselwörter waagerecht → ein. Die Wörterschule hilft dir.

Das Gegenteil von **Krieg**:
Ein anderes Wort für **gehen**:
Die Stiele von Obst entfernen:
Das Gegenteil von **gerade**:
Das Gegenteil von **einfach**:
Das zahlen deine Eltern für die Wohnung:
Dazu brauchst du die Waage:
Darin kannst du dich betrachten:
Dieses „Spiel" kannst du nicht spielen:
Das kannst du mit deiner Nase:
In ihm sitzen deine Zähne:
Drittletzter Buchstabe im ABC:
Das Gegenteil von **immer**:

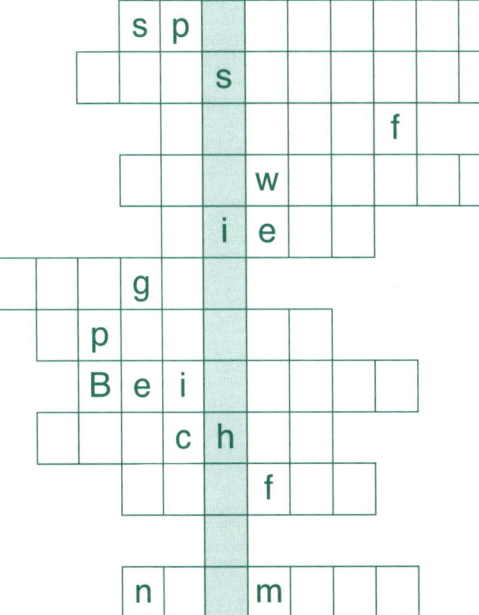

Wie heißt das Lösungswort? Die _____

2. Schreibe die Rätselwörter auf. Kennzeichne die Merkstellen gelb.

_____

_____

3. Wie sprichst du *ie*? Lies die Wörter. Ergänze: Ich spreche *ie* ☐☐☐.

4. Schreibe die Wörter vollständig auf.

spaz◯ren   marsch◯ren   stolz◯ren   garant◯ren

Bibu spaziert, marschiert, stolziert

Hilf Bibu. Ergänze, was fehlt:

*Ich spreche ie lang
– garant___rt!*

35

5. Erkennst du die Wörter? Schreibe alle Wörter aus der Wörterschule so auf.
Ihr könnt eure Strichmännchen-Wörter auf ein großes Papier zeichnen und ausstellen.

6. Wörter mit *ie*! Bilde mit den Verben die 1. Vergangenheit.
Schreibe die Er- und Wir-Form, kennzeichne *ie* gelb:
schlafen, stoßen, lassen, bleiben

schlafen: er schl(ie)f, wir _____

Ich fliege auf dem Besenstiel ins Ziel.

7. Ein Faschingsgedicht. Ergänze die fehlenden Buchstaben.

Als ich neulich ganz t___f schl___f,

sah ich mich im Traum im Sp___gel.

Meine Nase war sehr sch___f,

statt dem Kopf sah ich 'nen Z___gel.

Ich wollte nach Australien fl___gen,

h___lt in der Hand den Besenst___l.

Doch ich bl___b im Bette l___gen,

v___l zu schw___rig war mein Z___l.

8. In dem Gedicht findest du drei Adjektive.

Steigere sie: _____

9. Ein Faschingsscherz! Schreibe die Sätze richtig auf. Kennzeichne *ie* gelb.

<u>August dumme Der</u>

spielt Christian den August dummen. Spiegel zieht der einen aus Tasche Er und schimpft: „Hut sitzen und meine Mein Fliege ganz schief!" August singt geht ein spazieren Lied und. Er sie eine sieht der Wiese auf Blume und gießt. Stiel wird ihr ganz Plötzlich lang. Der an riechen dumme will der August Blume. „schwierig Das ist! gieße wieder Ich eine nie Blume!", er meint. Ende Die zu Vorstellung ist.

Wortbausteine: *-ig*, *-lich* ☞ Freiarbeit Seiten 23–26

Name

Kissenschlacht

fröhlich   ruhig   gefährlich
kräftig   friedlich   wichtig

WÖRTERSCHULE

empfind____
fert____
fried____
fröh____
gefähr____
hoffent____
hungr____
kräft____
richt____
ruh____
schreck____
wicht____
zukünft____

1. Welche beiden Wortbausteine erkennst du auf den Kissen?

   _____ und _____ . Kreise sie mit zwei Farben ein.

2. Ergänze die Wörter in der Wörterschule mit den passenden Wortbausteine. Wenn du nicht sicher bist, schau in deiner Wörterliste ab Seite 65 oder im Wörterbuch nach.

3. Spure die Anfangsbuchstaben aller Wörter in der Wörterschule nach. Was fällt dir auf?
   Wörter mit den Wortbausteinen *-ig* oder *-lich* schreibe ich   ○ groß   ○ klein

4. Ordne die Wörter aus der Wörterschule. Schreibe auf die Kissen.

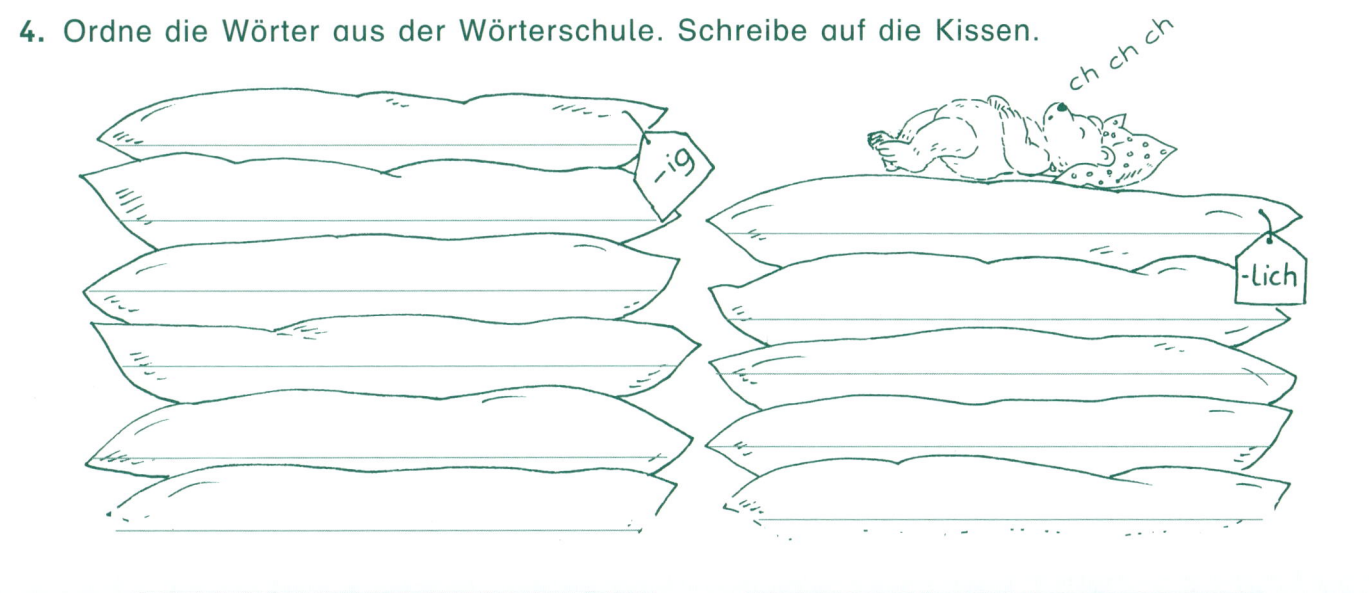

   -ig   -lich

Nachdenken!

Rechtschreib-Trick

Hilf Bibu! Ergänze, was fehlt:

Eigent_____ nicht schwier_____:
Wörter mit den Wortbausteinen
– _____ und – _____ .

37

5. Welche Wörter (10) kannst du mit *-ig* verbinden? Male die Felder braun an.
Welche Wörter (10) kannst du mit *-lich* verbinden? Male diese Felder rot an.

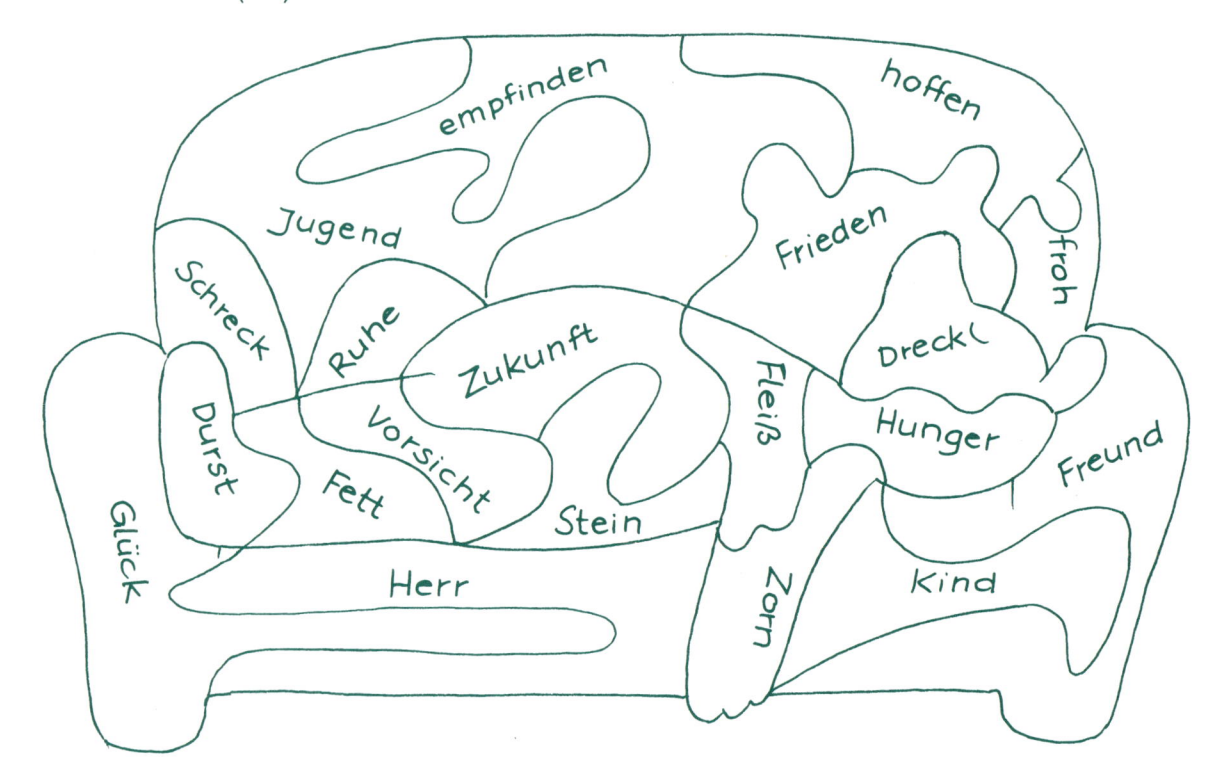

Wörter auf dem Sofa: empfinden, hoffen, Jugend, Frieden, froh, Schreck, Ruhe, Zukunft, Dreck, Durst, Vorsicht, Fleiß, Hunger, Freund, Glück, Fett, Stein, Herr, Zorn, Kind

6. Die Wortfamilien (5) sind durcheinander geraten. Schreibe sie geordnet auf.

das Schreckgespenst, die Empfindung, fröhlich, fertig, anfertigen, empfinden, das Fertigprodukt, friedlich, empfindlich, schrecklich, zufrieden, erschrecken, die Fröhlichkeit, der Friede, empfindsam, der Schrecken, der Frohsinn, befriedigend, froh, die Fertigkeit

_____

_____

_____

_____

7. Was stimmt hier nicht? Setze die verwandten Wörter mit *-ig* oder *-lich* ein.

Es ist ein *Friede* Abend. Auf einmal ertönt ein *Schrecken* Geschrei. Die Kinder sind nicht *Ruhe*, sie machen eine *froh* Kissenschlacht. Mit einem *Kraft* Wurf fliegt Annas Kissen gegen die Lampe. Das ist *Gefahr*, denn die Lampe ist *empfinden*. *Hoffen* ist sie nicht zerbrochen. *Zukunft* wollen die Kinder *Vorsicht* sein. *Ende* schleicht die *Hunger* Meute in die Küche.

Schreibe so: *Es ist ein friedlicher A...*

38

Sinnschritte; Fehler berichtigen

Name

Schneiderei Yagmur

Maria bringt Mutters Hose zu Schneider Yagmur. Sie muss ein bisschen warten. Herr Yagmur steht hinten im Geschäft. Er schneidet ein Stück Stoff zu. In einer Ecke vor dem Spiegel entdeckt Maria eine Vase. „Bestimmt wurde sie in der Türkei gefertigt", denkt sie. Da kommt Herr Yagmur Maria freundlich entgegen. Er setzt seine Brille auf und schaut die Hose an. Dann schüttelt er den Kopf: „Die Hose hat einen Riss. Das wird schwierig. Aber bis Ende der Woche ist sie fertig."

1. Lies den Text. Beim Abschreiben kannst du dir oft nicht den <u>ganzen</u> Satz merken. Du musst ihn **Schritt** für **Schritt** einteilen. Jeder Abschnitt soll für sich einen **Sinn** ergeben.
   Darum nennen wir solche Einteilungen `S i n n s c h r i t t e`.
   Kennzeichne sie im ersten Satz durch Striche.

2. Du kannst im ersten Satz unterschiedliche Sinnschritte einzeichnen. Welche Möglichkeit hast du gewählt? Kreuze an.
   ○ Maria bringt Mutters Hose / zu Schneider Yagmur. /
   ○ Maria bringt / Mutters Hose / zu Schneider Yagmur. /

3. Schreibe auf, warum folgende Einteilung falsch ist.
   Maria bringt Mutters / Hose zu / Schneider Yagmur. /

   Die einzelnen Schritte ergeben _____ .

4. Schreibe den ersten Satz: Lies jeweils einen Sinnschritt und schreibe ihn auswendig auf. Vergleiche zum Schluss deinen Satz mit dem Satz oben.

   _____

5. Kennzeichne in den restlichen Sätzen die Sinnschritte durch Striche.

   Bibu hilft dir beim Reimen.

   So wirst du _____ :
   Schreib jeden _____
   schön sinnvoll _____ .

6. Die Schachtel mit den Nadeln ist heruntergefallen.
Findest du alle 15 Sicherheitsnadeln ? Kreise sie ein.

7. In dem Text „Schneiderei Yagmur" findest du in einigen Wörtern Stellen, die du dir besonders merken möchtest. Kennzeichne diese Merkstellen gelb.

8. Wir können die Merkstellen ordnen. Trage die passenden Wörter ein.

Doppelter Konsonant (9)

V/v (2)	-ig/-lich (3)	-ck- (3)	ent- (2)

9. Streiche die fehlerhaften Wörter (11) durch. Schreibe die Sätze richtig auf.
Maria sizt neben einem Spigel und betrachtet eine Wase. Herr Yagmur schneidet ein Stük Stof zu. Er komt Maria freundlig endgegen. Herr Yagmur sezt seine Brile auf und sagt: „Die Hose ist bis Ende der Woche fertich."

10. Diktiert euch abwechselnd den Text „Schneiderei Yagmur" in Sinnschritten.

Wörter mit ß • Freiarbeit Seiten 27, 28

Name

Alles fauler Zauber?

WÖRTERSCHULE

Spä__e
flie__en
au__en
verga__
Strau__
schlie__en
bei__en
blo__
fra__
sto__en
wei__
Ma__

1. Schau die Wörter in der Wörterschule an.
   Welcher Buchstabe wurde weggezaubert? __
   Setze ihn in jedem Wort ein.

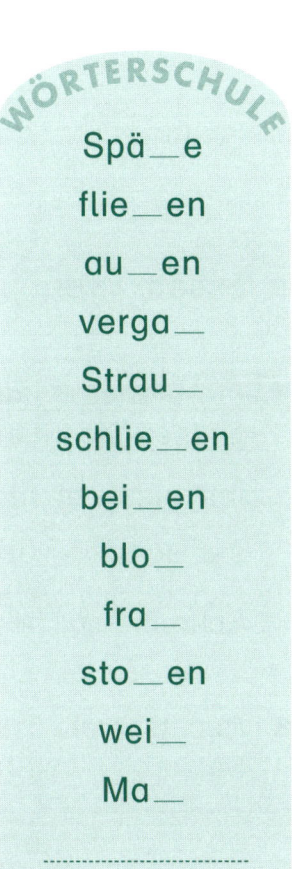

2. Sprich die Wörter deutlich. Hör genau!
   Welches Tier passt zu dem ß-Laut?
   Male nur dieses Tier farbig.

3. Ordne die Wörter nach dem Alphabet. Male in jedem Wort ß gelb an.

   _____

   _____

4. Lies deine Wörter aus Aufgabe 3. Achte jetzt besonders auf den Laut vor ß.
   Wie klingt er?   ○ lang   oder   ○ kurz

5. Mache nach jedem Wort einen Strich. Schreibe die Wörter auf.

   außenvergaßbeißenfraßstoßenbloß

Merken!

Rechtschreib-Trick

Hilf Bibu! Ergänze, die Reimwörter:

ß-Wörter übe ich mit Flei__
so lange, bis ich alle w_____ .

41

6. Reime:

beißen: h_____ , r_____ , schm_____

fließen: schl_____ , g_____ , sch_____

essen: verg_____ , m_____ , fr_____

7. In Aufgabe 6 hast du Verben in der Grundform gereimt.
Ordne ihnen die folgenden Wörter zu.

ich biss ★ er hieß ★ ich riss ★ sie schmiss ★ er floss ★ wir schlossen ★ es goss ★
sie schoss ★ er aß ★ sie vergaß ★ sie maß ★ es fraß

Schreibe so: *beißen: ich biss; heißen: er ...*

8. Rechtschreib-Trick: Nachdenken! Der Laut vor *ss* klingt kurz!
Setze ein: *ss* (9), *ß* (2).

sa___ , Tintenfa___ , vergo___en, Fu___ , na___ , eingeschlo___en,

Ha___ , Fa___ , davongeflo___en, flo___ , eingeschlo___en

9. Vervollständige das Gedicht. Setze die Wörter aus Aufgabe 8 der Reihe nach ein:

Ein Zauber-Gedicht

Ich _____ einmal im _____

und hab 'so manche Trän' _____ .

Von Kopf bis _____ war ich ganz _____ ,

ein Zauber hat mich _____ .

Da stampfte ich voll Zorn und _____ ,

war wütend auf die Zauberei.

Ein Knall - und es zerbrach das _____ !

Nun war ich endlich wieder frei.

Die Tinte war _____ ,

zum Zauberer _____ sie ganz schnell hin.

Bald war er gänzlich _____ .

Noch heute steht er mittendrin.

Fremdwörter

Name

Der Zirkusjunge Timo

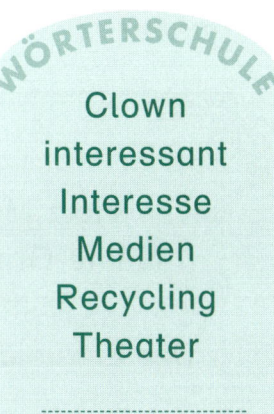

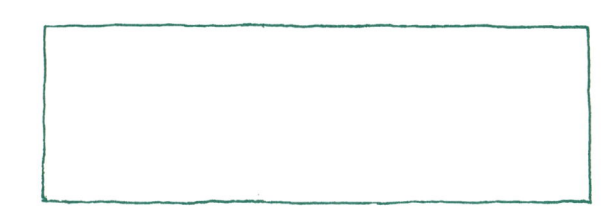

WÖRTERSCHULE

Clown
interessant
Interesse
Medien
Recycling
Theater

....

1. Schreibe zu jedem Bild das passende Wort aus der Wörterschule. Zwei Wörter bleiben übrig. Schreibe sie unter den leeren Rahmen und male dazu ein Bild.

2. Die Wörter aus der Wörterschule haben einen besonderen Namen.

   Schreibe ihn: _____

3. Was weißt du von diesen Wörtern? Kreuze an (3):
   ○ Wir sprechen sie immer so wie wir sie schreiben.
   ○ Wir schreiben sie oft anders als wir sie sprechen.
   ○ Sie kommen aus einer anderen Sprache.
   ○ Wir müssen sie gut üben.

   Ausländische Wörter / Fremdwörter / Abstrakte Wörter

4. Kennzeichne in den Wörtern die Stellen gelb, die du dir besonders merken willst.

5. Schreibe die Wörter vollständig auf. Denke an die Begleiter.

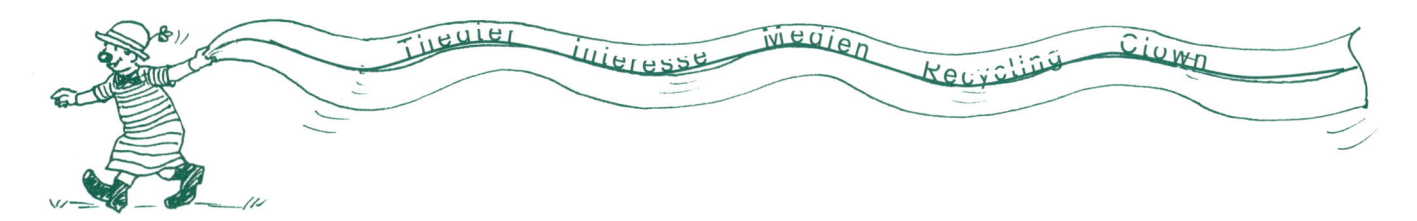

   Theater   Interesse   Medien   Recycling   Clown

Rechtschreib-Trick — Merken!

Das sind wohl eher Modewörter:

> *Coole, supersofte Boots für Action-Kids! Megagünstig!*

Muss das sein? Erkläre die Aussage mit deinen Worten.

43

6. Verbinde, bilde Sätze.

Viele Medien	besitzen	einen lustigen Clown.
Meine Großeltern	ist	ein Theaterabonnement.
Das Recyclingverfahren	spielt	über die Olympiade.
Der Zirkusjunge Timo	berichten	sehr interessant.

7. Wo gibt es diese Dinge? Ordne zu.

Manege – Container – Akrobat – Regisseur – Batterie – Abonnement – Deponie – Komödie – Salto – Operette – Arena – Kompressor

Zirkus	Recycling	Theater

8. Unterstreiche Subjekt und Prädikat mit verschiedenen Farben.
Schreibe den Text auf. Gestalte Subjekt und Prädikat besonders schön (besondere Schriftarten, leuchtende Farben, …).

Eine interessante Familie

Schon Timos Großvater trat im Zirkus auf. Er machte als Clown seine Späße. Timo entdeckt einen Stoß Bilder. Auf ihnen schießt seine Mutter Großvater einen Strauß Blumen vom Kopf.

Auch Timos Vater stammt aus einer Zirkusfamilie. Er ist oft im Theater und in den Medien zu sehen. Er lässt sich in einen Käfig einschließen. Timos Mutter befestigt Ketten außen am Käfig. Vater reißt die Ketten entzwei.

Timo weiß: „Ich werde später Clown wie Großvater. Schließlich ist dieser Beruf interessant."

Wiederholung Name:

Das kann ich schon!

Wortfamilien

Hier haben sich Wortfamilien (9) versteckt.
Male sie mit unterschiedlichen Farben an.
Du erhältst ein Muster.

Wortfamilien haben den gleichen oder einen ähnlichen Wortstamm!

die Miete	der Biss	schließlich	abbeißen	die Vermietung
bissig	vermieten	beißen	mietfrei	der Bissen
gefräßig	der Schluss	das Mietshaus	schließen	außen
verschließbar	der Fraß	weißeln	äußerlich	das Schließfach
das Fressen	das Deckweiß	weiß	der Weißdorn	die Äußerung
der Maßstab	verfressen	schneeweiß	der Außenspiegel	das Metermaß
fressen	messen	der Spiegel	maßvoll	äußerst
stoßen	das Spiegelei	stoßfest	spiegelglatt	der Anstoß
spiegelverkehrt	der Stoß	mäßig	verstoßen	entspiegeln

Schreibe die Wortfamilien geordnet auf.

Zu welcher Wortfamilie fällt dir eine Geschichte ein?

Fremdwörter

Löse das Rätsel. Kreise den richtigen Begriff ein.
Schreibe das Wort in die Kästchen.
Die dunklen Kästchen ergeben, hintereinander gelesen,

das Lösungswort: _____

?		
Große Begeisterung für eine Sache:	Internat / Interesse / Internet	
Mehrere Menschen sprechen gemeinsam über ein bestimmtes Thema:	Konferenz / Konfekt / Konfetti	
Er ist der Spaßmacher im Zirkus:	Club / Cluster / Clown	
Vorgang, bei dem zum Beispiel altes Glas wieder aufbereitet wird:	Realität / Recorder / Recycling	
Dort treten die Zirkusartisten auf:	Manege / Manöver / Mannequin	
Hier werden Opern und Schauspiele aufgeführt:	Text / Theater / Therapie	
Ein gemeinsamer Begriff für Zeitungen, Film, Fernsehen, Internet, Radio, ...	Medizin / Medien / Meditation	
Eine Textform, die aus den Anfangsbuchstaben eines Wortes gemacht wird:	Aktivität / Akrobat / Akrostichon	
Sie erleichtert uns das tägliche Leben:	Technik / Terrasse / Temperatur	

Wortbausteine: *-heit*, *-keit*, *-ung*, *-nis* ☞ Freiarbeit Seite 29

Name

Krötenwanderung

WÖRTERSCHULE

Dummheit
Erlaubnis
Erlebnis
Flüssigkeit
Freiheit
Fröhlichkeit
Herstellung
Nahrung
Schwierigkeit

1. Lies die Wörter in der Wörterschule. Kreise in jedem Wort den letzten Wortbaustein ein.

2. Welche Wortbausteine hast du gefunden?

   Schreibe sie auf: _____ _____ _____ _____

3. Welche Kröte wandert in welchen Teich? Verbinde richtig.

   Teiche: -heit, -nis, -ung, -keit
   Kröten: frei, erleben, herstellen, dumm, erlauben, flüssig, ernähren, fröhlich, schwierig

   Schreibe so: *ernähren* → *Nahrung*

   _____ → _____   _____ → _____
   _____ → _____   _____ → _____
   _____ → _____   _____ → _____
   _____ → _____   _____ → _____

4. Umkreise die Anfangsbuchstaben der Wörter.
   Die Wortbausteine *-heit, -keit, -ung, -nis* verändern die Wortart. Was entsteht?

   Verb   + *-heit, -keit, -ung, -nis* → _____

   Adjektiv + *-heit, -keit, -ung, -nis* → _____

Nachdenken!

Rechtschreib-Trick

Ergänze, was fehlt:

Mit -heit, -keit, -ung, -nis ist was los,

denn diese Wörter schreibt man _____ .

Original   Fälschung

5. In das rechte Bild haben sich Fehler (10) eingeschlichen. Suche sie und kreise sie ein.

6. Wovon sind die Wörter abgeleitet? Trage sie richtig ein.

Zeitung – Wichtigkeit – Bestimmtheit – Streitigkeit – Hoffnung – Christenheit – Sammlung – Fertigkeit – Häufigkeit – Besserung – Schönheit – Wanderung – Hoheit – Trockenheit – Vollständigkeit

-ung: *die Zeitung - die Zeit,* _____

_____

-heit: _____

_____

-keit: _____

_____

7. Achtung – Mehrzahl!

Bilde Nomen. Verbinde den Wortstamm mit dem Wortbaustein *-nis*.
Schreibe die Einzahl und die Mehrzahl. Kennzeichne *ss* in der Mehrzahl gelb.

kenn   *die Kenntnis, die Kenntni(ss)e*

hinder   _____

wag   _____

verzeich   _____

wild   _____

8. Schreibe den Text mit den passenden Nomen.

Bei ihrer (wandern) wollen die Kröten oft eine Straße überqueren. Ein Krötenzaun am Straßenrand bildet ein (hindern). Wir sammeln die Kröten ohne größere (schwierig) in Eimern. An einem See entlassen wir sie in die (frei).

Wörter mit *chs* ☛ Freiarbeit Seite 30

Name _____

Sechs Tiernamen mit „chs"

Fuchs
Gewächs

WÖRTERSCHULE
Fu
Gewä
_____

1. Sprich die Wörter auf den Eiern deutlich. Welchen Laut hörst du?

2. Wie schreibst du den Laut in diesen Wörtern? _____

3. Ergänze die Wörter in der Wörterschule. Male die Merkstellen gelb an.

4. Schreibe die Wörter vollständig auf.

der Da...	das Gewä...	der Fu...	der La...
_____	_____	_____	_____
die Eide...e	der Lu...s	Sa...en	se...
_____	_____	_____	_____
we...eln	der O...e	die A...e	wa...en
_____	_____	_____	_____

5. Schreibe zu den sechs Tieren, deren Name mit „chs" geschrieben wird, jeweils einen Satz. Male die Tiere.

Merken!

Rechtschreib-Trick

Ergänze und kennzeichne die Merkstellen gelb:

Zum Gewä____haus rennt der Fu____,

trifft dort seinen Freund, den Lu____.

49

Original					Fälschung

6. In dem rechten Bild kannst du Fehler (10) entdecken. Kreise sie ein.

7. Ergänze die Sätze mit Wörtern aus Aufgabe 4.

_____ ist eines der 16 deutschen Bundesländer.

Dreiundvierzig minus siebenunddreißig ergibt _____.

Der Wagen war zu schwer beladen. Darum brach die _____.

Die _____ kann an einer Hauswand laufen.

Der _____ ist ein beliebter Speisefisch.

Efeu ist ein anspruchsloses _____.

8. Ergänze die Tabelle. Schreibe anschließend zu jeder Verbform einen Satz.

Grundform	ich	du	es	wir
wachsen				
wechseln				

9. Trenne die Wörter durch Striche voneinander. Schreibe den Text. Welche Wörter schreibst du groß?

- erlebnisseamamselnest
- juliahatsichineinemtierlexikonüberdieentwicklungvonvögelninformiert.
- nunsitztsieimgartenbeimgewächshaus.
- sieeobachtetdieamselelternausgroßerentfernung.
- inderzeitunghatjuliagelesen,welchenahrungamselnfürihrejungensammeln.
- baldsinddiejungenvögelherangewachsen.
- dasisteininteressanteserlebnis.
- juliasiehtihnenzu,wiesieflüggewerden.
- nachanfänglichenschwierigkeitenkönnensieendlichindiefreiheitfliegen.
- hungrigschautderfuchshinterher.

Wörter mit Dehnungs-*h* ☛ Freiarbeit Seiten 31, 32

Name

Ein Märchen der Brüder Grimm

Die sieben Raben

Es waren einmal sieben Brüder. Sie sollten am Brunnen Taufwasser für ihr Schwesterchen holen. Sie kamen und kamen nicht zurück. Da rief der Vater ungeduldig: „Gewiss haben sie wieder ihre Arbeit vergessen. Sie sollen alle zu Raben werden!" Sogleich sah man sieben kohlschwarze Vögel am Himmel fliegen. Da war der Kummer groß. ...

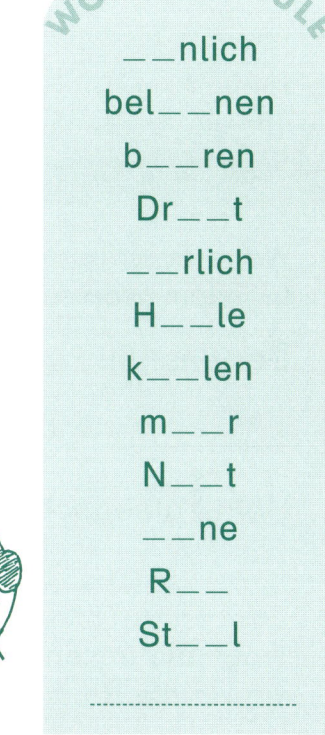

WÖRTERSCHULE

__nlich
bel__nen
b__ren
Dr__t
__rlich
H__le
k__len
m__r
N__t
__ne
R__
St__l

Naht, mehr, Höhle, ehrlich, Draht, Stuhl, kühlen, bohren, ohne, belohnen, Reh, ähnlich

1. Die sieben Raben laufen zwischen den Wörtern umher. Sprich die Wörter.
   Welchen Buchstaben kannst du in allen Wörtern nicht hören? ☐ Male ihn gelb an.

2. Das *h* ist stark. Es **dehnt** die Laute, die vor ihm stehen, ganz lang.
   Deshalb nennen wir das *h* auch D☐☐☐☐☐☐☐ -h.
   Ergänze in der Wörterschule die fehlenden Buchstaben.
   Sprich dabei so: *ähnlich schreibe ich mit äh, ...*

Allein das Töchterlein wuchs zu einem schönen Mädchen heran. Aber es vermisste seine Brüder. Darum zog es hinaus bis ans Ende der Welt, um sie zu suchen. ...

3. Ergänze die Wörter. Die Wörterschule hilft dir.

   ___oh____   __uh_   _öh__   oh__

   __ah_   _oh___   _üh___   äh_____

Merken!

Rechtschreib-Trick

Rate mit Bibu:

*Es ist im Sohn, doch nicht im Ton.
Es wohnt im Draht und nicht im Rad.
Es sitzt im Stroh und auch im Floh.
Es ist ganz nah, das Dehnungs-__ .*

Doch weder die Sonne noch der Mond wollten dem Mädchen verraten, wo die sieben Raben zu finden seien. Endlich traf das Mädchen die Sterne. Der freundliche Morgenstern gab ihm ein Hinkelbeinchen und sprach:
„Nimm dies Hinkelbeinchen!
Damit musst du das Tor zu dem _____ aufschließen. Dort wirst du deine verzauberten Brüder finden." ...

4. Wenn du erfahren willst, wo die Brüder leben, musst du diese Aufgabe lösen. In jedem Wort fehlt ein Buchstabe. Schreibe die Wörter vollständig auf.

        artenstuhl   Bel ohnung   Hosenn ht   Drahts eil   Rehl ock

   _____

   Höhl nmensch   ver mehren   Abkühlun

   _____

   Trage die fehlenden Buchstaben hintereinander oben in das Märchen ein. Jetzt weißt du, wo die Brüder versteckt sind.

5. Lies den folgenden Teil des Märchens. Unterstreiche die Wörter mit Dehnungs-h (10).

   Nun machte sich das Mädchen auf die Suche. Viele Gefahren lauerten unterwegs, es musste sich gegen wilde Tiere wehren, einmal verlor es einen Schuh und konnte keinen ähnlichen finden. Nachts schlief das Mädchen in einer Höhle auf dem kahlen Boden. Als es Hunger hatte, arbeitete es in einer Mühle. Zum Lohn bekam es ein karges Mahl. Endlich sah das Mädchen in der Ferne den Glasberg. Schnell lief es zum Tor. Aber es hatte das Hinkelbeinchen verloren. Was sollte es tun?...

6. Kennst du diese Märchen? Setze die Wörter richtig ein.

   Der Müller _____ das Getreide.

   Der Herr _____ Hans im Glück seinen _____ .

   Der Wirt _____ ein Loch in die Wand.

   Eulenspiegel _____ Eier und _____ .

   Die Müllerstochter spinnt _____ zu Gold.

   bohrt   verrührt   Stroh   mahlt   Lohn   zahlt   Mehl

Hier erfährst du, wie das Märchen von den sieben Raben endet:

Mutig schnitt sich das gute Kind ein kleines Fingerchen ab und schloss damit das Tor auf. Als die Raben das Schwesterchen erblickten, bekamen sie ihre menschliche Gestalt wieder. Wie war die Freude groß, aller Schmerz war vergessen. Glücklich fielen sie sich in die Arme und zogen sobald gemeinsam heim. Und wenn sie nicht gestorben sind, ...

Wortbausteine, Wortstamm

Name

Dornröschen, schlafe hundert Jahr'!

Spindeln mit Wortbausteinen: Er, ver, LEB, en, nis

1. Bilde mit den Wortbausteinen Wörter. Schreibe sie auf, kreise jeweils den Wortstamm ein. Kennzeichne in jedem Wort deine Merkstelle gelb.

2. Schreibe diese Wortbausteine in die richtigen Spindeln. Welche Wortbausteine stehen vor dem Wortstamm, welche danach?

   los   vor   haft   be   end   endig   er

3. Setze die Wortbausteine zu neuen Wörtern zusammen. Schreibe Nomen mit dem Artikeln auf. Kreise den Wortstamm ein und kennzeichne die Merkstellen gelb.

Rechtschreib-Trick *Merken!*

Lies Bibus Wörter-Rezept:

Man gebe in eine Schüssel
– 1 Wortstamm
– viele weitere Wortbausteine.
Alles gut mischen, kurz aufkochen, fertig sind die neuen Wörter!

53

4. Male Felder mit dem Wortstamm LEB braun an. Male Felder mit dem Wortstamm LIEB rot an. Male Felder mit dem Wortstamm LOB grün an.

lieblich, liebenswert, leblos, loben, verloben, Lebewesen, lieblos, Liebling, verlieben, löblich, Lebensraum, lebenswert, Gelöbnis, aufleben

5. Spiele mit den Wortbausteinen. Bilde möglichst viele Wörter.

sam, bar, Be, Ver, er, erin, um, ig, end, an, be, ver, en, ung, e, Vor, auf, losigkeit, los

RAT

LEUCHT

RÜHR

6. Unterstreiche die Satzergänzungen / Objekte im 3. Fall (4) und im 4. Fall (12). Verwende für die Satzergänzungen / Objekte unterschiedliche Farben.

Ein unerwünschter Besuch

Gestern hatte ich ein schreckliches Erlebnis. Hundert Jahre lang habe ich meinen Stuhl nicht verlassen. Da betrat ein Junge gegen Abend das Schloss. Er riss die schön gewachsene Hecke weg. Dann bohrte er das Türschloss auf. Er gab mir einen Kuss, ohne von mir die Erlaubnis dazu zu haben. Das ganze Schloss wurde lebendig. Alle schimpften über den Jungen. Der wollte von uns sogar noch eine Belohnung! Wer kann uns einen Rat geben?
Wir können keinen Schlaf mehr finden und sind ganz unglücklich. Etwas Ähnliches haben wir noch nie erlebt.

Wörter mit doppeltem Vokal

Name

Siehst du die Biene? – Can you see the bee?

1. Lies die Wörter in der Wörterschule. Was haben sie gemeinsam? Kreuze an:

   ○ Doppelter Konsonat ○ Zwielaut/Doppellaut ○ Doppelter Vokal

WÖRTERSCHULE
Boot
Meer
Moos
See

2. Male und schreibe die Wörter aus der Wörterschule. Denke an die Artikel. Kennzeichne die Merkstellen gelb.

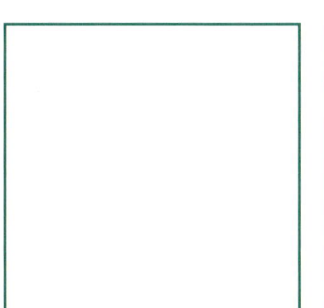

3. Mache nach jedem Wort einen Strich. Schreibe die Wörter mit ihrem Artikel auf. Markiere die Merkstelle in jedem Wort gelb.

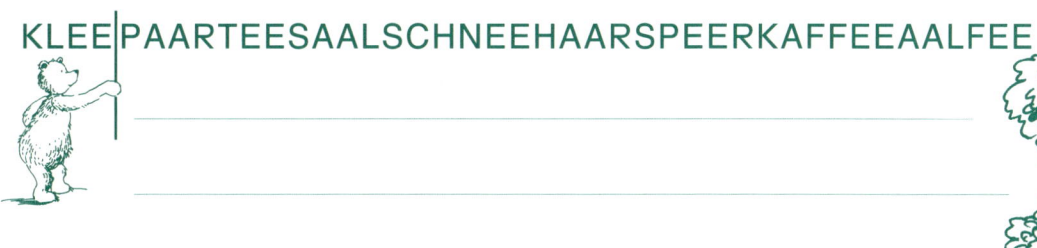

   KLEE|PAARTEESAALSCHNEEHAARSPEERKAFFEEAALFEE

   Welche Wörter magst du malen und schreiben?

4. Auch in anderen Sprachen gibt es Wörter mit doppeltem Vokal. Finde Beispiele. Wen kannst du fragen?

   Wo hat sich die kleine Biene versteckt? Male sie farbig.
   Can you see the bee in the tree?

Merken!

Rechtschreib-Trick

Reime mit Bibu:

Sie gleichen sich aufs H____r,

drum sind sie auch ein P____r.

5. Kreise nur die Dinge ein, in deren Namen ein doppelter Vokal enthalten ist. Was hast du gefunden?

_____

6. Kennzeichne Wörter, die zu einer Wortfamilie gehören, mit derselben Farbe. Du erhältst ein Muster. Schreibe die Wortfamilien **(4)** geordnet auf.

Moos	Beerensaft	moosgrün	Beere	Moosrose
Erdbeere	haarlos	Vogelbeere	haarsträubend	beerenförmig
paarweise	moosig	paaren	Moosfarn	paarig
enthaaren	Ehepaar	haarig	Paar	Haar

7. Ordne in die Tabelle ein. Kennzeichne die doppelten Vokale gelb.

an der Ostsee ❀ in der Kaffeepause ❀ am Meeresstrand ❀ ein paar Mal ❀ zur Teestunde ❀ im Blumenbeet ❀ während der Seereise ❀ in der Allee ❀ neben dem Segelboot ❀ bei der Beerenlese

Ortsangabe	Zeitangabe

Schreibe zu jeder Orts- und Zeitangabe einen Satz.

Rechtschreibstrategien

Name

Ferien in Europa

Europa wächst zusammen

Früher brauchten wir einen Pass, um durch Europa zu reisen.
Viele von uns haben schon vergessen, wie schwierig alles war.
In allen europäischen Ländern mussten wir Geld wechseln.
Wer seinen Reisepass vergaß, musste umkehren.
Heute ist eine Reise durch Europa einfach.
Auf dem Programm kann eine Bootsfahrt auf einem See stehen.
Es macht Spaß zu klettern oder in einem kühlen Fluss zu schwimmen.
Abwechslungsreich sind die Getränke und Nahrungsmittel der einzelnen Völker. Fröhliche Feste werden überall gefeiert.

So kannst du einen Text gut üben:

1. Lies den Text. Kennzeichne in jedem Satz die Sinnschritte durch Striche.

2. Umkreise die Anfangsbuchstaben der Nomen (17).

3. Umkreise alle Satzanfänge (10).

4. Suche im Text folgende Wörter und markiere die Merkstellen gelb:
   Wörter mit doppeltem Konsonanten (15)
   Wörter mit *V/v* (5)
   Wörter mit doppeltem Vokal (2)
   Wörter mit *ß* (2)
   Wörter mit *chs* (3)
   Wörter mit Dehnungs-*h* (5)
   Wörter mit *ie* (4)

   Entdeckst du weitere Merkstellen? Kennzeichne sie gelb.

Hilf Bibu! Kreuze an, was richtig ist:

Ⓦas ich mir **merken** wi(ll),
mark(ie)re ich gelb.
Diese **Stellen** im Wort heißen
○ Markierstellen ○ Merkstellen ○ Malstellen

◀ Original   Fälschung ▶

5. Im rechten Bild kannst du Fehler (9) entdecken.

6. Schreibe aus dem Text die Wörter auf, die zu den Rechtschreibfällen passen. Denke bei den Nomen an die Artikel.

Nachdenken!

Rechtschreib-Trick

Doppelter Konsonant (15): _____

_____

_____

Nachdenken: Der Laut vor dem doppelten Konsonanten klingt ☐☐☐☐ .

Wörter mit *ie* (4): _____

Den langen *i*-Laut schreiben wir meistens ☐☐ .

Merken! Male farbig:

Manche Wörter muss ich gut üben, damit ich sie mir merken kann.

Rechtschreib-Trick

Wörter mit ß (2): _____

Wörter mit *V/v* (5): _____

Wörter mit doppeltem Vokal (2): _____

Wörter mit Dehnungs-*h* (5): _____

_____

Wörter mit *chs* (3): _____

7. Diktiert euch abwechselnd den Text in Sinnschritten. Kontrolliert euch gegenseitig. Berichtigt eure Fehler, übt den entsprechenden Rechtschreibfall.

Rechtschreibstrategien

Name

Eine E-Mail vom Tierheim

Moritz und seine Eltern haben sich im Tierheim mit dem Hund Muck angefreundet. Die Familie möchte Muck ganz zu sich nehmen. Darum hat Moritz eine E-Mail an das Tierheim geschrieben. Hier kommt die Antwort:

L__ber Moritz,

es freut mich, dass ihr Muck zu euch ne__men wo__t. Du sollst einiges über Muck wissen. Muck ist drei Ja__re alt. Er mag Kinder. Ka__en mag er nicht so se__r. Muck möchte täglich zweimal spaz__ren gehen. Er fri__t gerne. Pass auf, da__ er nicht zu dick wird. Sü__igkeiten so__test du ihm nicht geben. Muck hat ein langes Fell. Du musst es gut pflegen. Du musst auch regelmäßig mit i__m zum Tierarzt gehen. Im T__rheim wurde er bereits geimpft. Ihr könnt Muck am Samstag Vormittag abholen. Dann gebe ich euch weitere nü__liche Informationen und ein Gesundheitszeugnis.

__iele Grü__e

Max Sommer (Tierheim Herrsching)

1. Lies die Mail. Setze die fehlenden Buchstaben ein.

2. Du kannst die Lückenwörter aus der Mail nach Rechtschreibfällen (5) ordnen. Kreise jeweils mit **einer** Farbe ein, was zu einem Rechtschreibfall gehört.

3. Schreibe die Wörter geordnet auf. Kennzeichne in jedem Wort die Merkstelle gelb.

Rechtschreibfall	Wörter
Wörter mit ie	
Dehnungs-h	
Doppelter Konsonant	
Wörter mit tz	
Wörter mit ß	

Mit-spre-chen!

Rechtschreib-Trick
Ich schreibe wie ich spreche: Kinder

Nachdenken!

Rechtschreib-Trick
Kurzer Laut → doppelter Konsonant: fre(ss)en

Merken!

Rechtschreib-Trick
Diese Wörter übe ich gut: ne(h)men

59

4. Welcher Hund ist Muck? Male nur ihn farbig.

Er trägt ein Gliederhalsband.
Er hat einen Fleck auf dem Rücken.
Er macht Männchen.
Er hat Schlappohren.
Er hat einen langen Schwanz.

5. Sprichwörter und Redensarten rund um den Hund. Verbinde richtig.

| Den Letzten beißen die Hunde. | Lisas Tante wohnt ziemlich einsam außerhalb der Stadt. |

| Florian steht da wie ein begossener Pudel. | Am Kiosk wartet eine lange Schlange. Als Anna endlich an der Reihe ist, gibt es keine Brezen mehr. |

| Dort bellen die Hunde mit dem Schwanz. | Seit Jahren schimpft und droht der Hausmeister, die lärmenden Kinder vom Hof zu vertreiben. |

| Die Geschwister sind wie Hund und Katze. | Er kommt zu spät. Der Lehrer schimpft. |

| Hunde, die viel bellen, beißen nicht. | Sie vertragen sich nicht. |

6. In jedem Satz findest du eine Ortsangabe oder eine Zeitangabe. Unterstreiche unterschiedlich und schreibe die Frage auf, mit der du nach der Angabe fragst.

Familie Kratzer holt Muck aus dem Tierheim.

_____

Der Hund läuft aufgeregt zum Auto.

_____

Zu Hause bekommt er einen großen Knochen.

_____

Moritz geht mit Muck zwei Stunden spazieren.

_____

Am Abend schläft Muck müde und zufrieden ein.

_____

7. Schreibe deine Tiergeschichte.

Wörter nachschlagen

Name

Für Rechtschreib-Detektive

Aha! Für dieses Rätsel brauche ich die Wörterliste ab Seite 65!

1. Bei dem Buchstaben A findest du Wörter (7) mit *Ä/ä* oder *Äu/äu*, die von *A/a* oder *Au/au* abgeleitet sind. Schreibe die Wörter und ihre Ableitungen auf.

_____

_____

_____

Bei welchem Nomen folgen vier Mitlaute?

2. Welche Wörter beginnen mit *V/v* und enthalten *ie*? (5). Schreibe sie auf:

_____

Gesucht ist das längste Wort:

3. Unter dem Buchstaben S findest du Wörter mit *ß* (9):

_____

_____

Gesucht ist das Wort mit dem Wortbaustein *-lich*:

4. Welche Wörter unter M schreibst du mit doppeltem Konsonanten (12)?

_____

_____

Schreibe das passende Nomen auf: das

5. Schreibe alle Wörter unter W, in denen du *chs* findest (4).

_____

Gesucht ist das Wort mit dem Umlaut: ☐☐☐☐☐☐

6. Du findest beim Buchstaben D Wörter mit *ck* (7).

_____

_____

Welches Nomen ist von einem Verb abgeleitet?   der ☐☐☐☐

7. Unter F findest du Wörter mit Dehnungs-*h* (11).
Das sind die Wörter, in denen du *h* nicht hörst.

_____

_____

_____

Ergänze das passende Verb: **Bibu** ☐☐☐☐

8. Gesucht sind alle Wörter mit doppeltem Vokal (7).
Schreibe Nomen mit Artikel auf.

_____

_____

Kennzeichne die doppelten Vokale.
Welcher Vokal ist am häufigsten verdoppelt? ☐

Trage die Buchstaben in den markierten Kästchen der Reihe nach in Schreibschrift ein.
Dann erfährst du, was Bibu dir zum Abschied wünscht.

☐☐☐☐☐ ☐☐☐ !

62

Wiederholung   Name:

Das kannst du schon!

Kreuzworträtsel

Trage die Wörter in großen DRUCKBUCHSTABEN ein. (Ä = Ä, Ü = Ü)

waagerecht:

1. Nomen mit einem Umlaut, gehört zur Wortfamilie *wachsen*
2. Wenn du die Wahrheit sagst, bist du …
3. Verb, Gegenteil von *bestrafen*
4. Ein Waldtier mit *chs*
5. Ein Nomen zu *nähen*
6. Steigerung von *viel*
7. Nomen, gehört zur Wortfamilie *nähren*
8. Das Gegenteil von *rechts*
9. Darauf kannst du sitzen.
10. Verb, Gegenteil von *wärmen*

senkrecht:

1. Ein anderes Wort für *Ozean*
2. Ein stehendes Gewässer, größer als ein Weiher
3. Ein scheues Waldtier mit Dehnungs-*h*
4. Er besteht aus Metall und leuchtet in der Glühbirne
5. Wenn du deine Zähne regelmäßig putzt, muss der Zahnarzt nicht …
6. Nomen, Gegenteil von *Verbot*
7. Nomen zu dem Wort *frei*
8. Gegenteil von *mit*
9. Dort schläft der Bär.

63

Wortbausteine

Entscheide, welches Wort du mit dem Wortbaustein -heit, -keit, -ung oder -nis zusammensetzen kannst.

Male die Felder so aus:
Felder mit Wörtern, die du mit -heit zusammensetzen kannst, blau.
Felder mit Wörtern, die du mit -keit zusammensetzen kannst, grau.
Felder mit Wörtern, die du mit -ung zusammensetzen kannst, braun.
Felder mit Wörtern, die du mit -nis zusammensetzen kannst, rot.

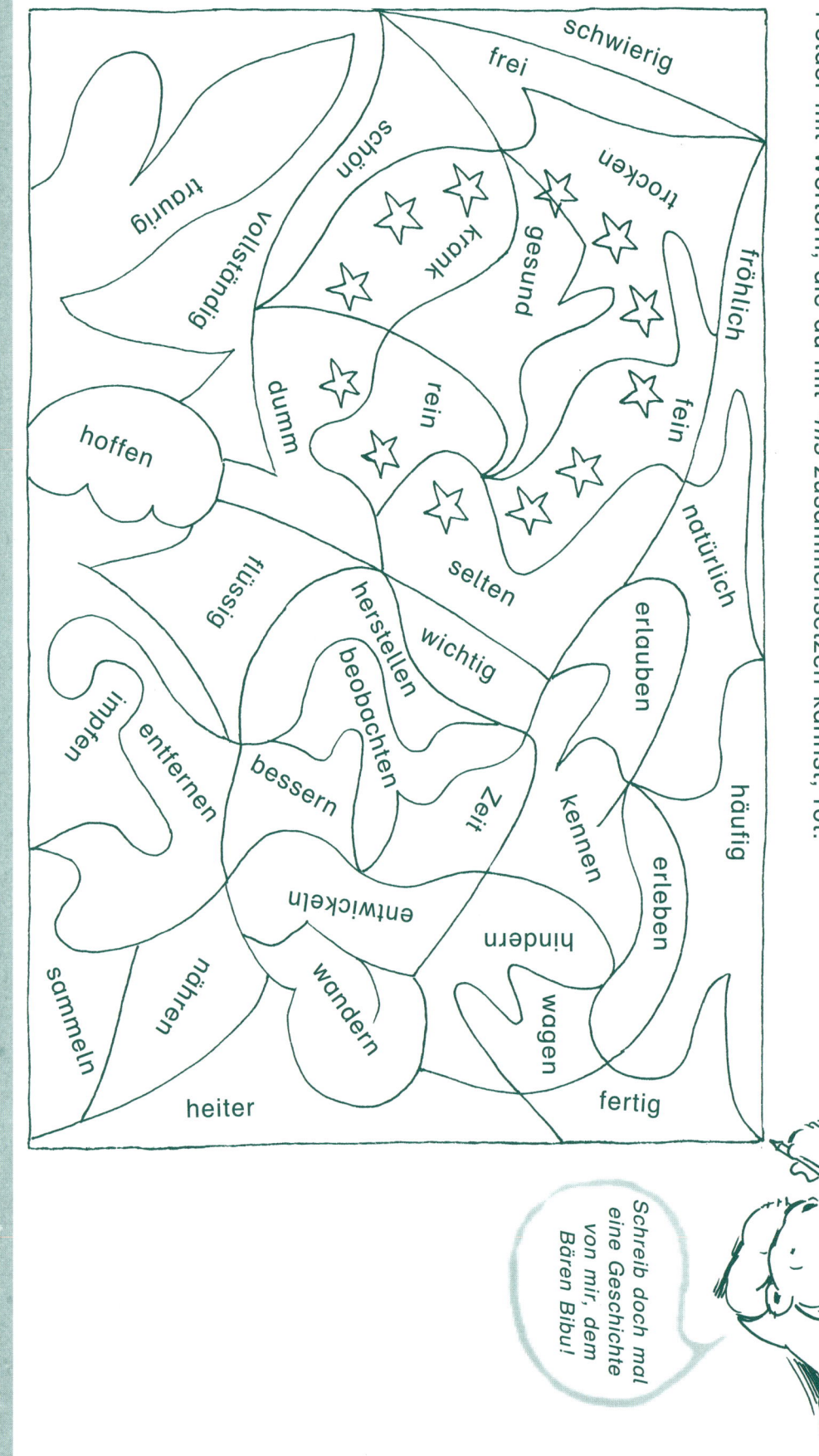

Wörter im Bild: schwierig, frei, trocken, schön, traurig, vollständig, krank, gesund, fröhlich, hoffen, dumm, rein, fein, natürlich, selten, flüssig, herstellen, beobachten, wichtig, erlauben, häufig, impfen, entfernen, bessern, Zeit, kennen, erleben, sammeln, nähren, entwickeln, wandern, hindern, wagen, heiter, fertig

Schreib doch mal eine Geschichte von mir, dem Bären Bibu!

Wörterliste

für die Jahrgangsstufen 1 bis 4.
Der ausgewählte Lernwortschatz für die 4. Klasse ist **fett** gedruckt.

A

ab
Abend, Abende
aber
acht
ähnlich
alle, alles
als
also
alt, älter
am
Ampel
an
anders, ändern
Angst, ängstlich
antworten
Apfel, Äpfel
April
arbeiten
ärgern
Arm
Arzt, Ärztin
Ast, Äste
auf
Aufgabe
aufräumen, Raum
aufwecken, **Wecker**
Auge
August
aus
außen
Auto

B

Baby
backen, Bäcker
baden
Bahn
Ball, Bälle
Bank
Bauch, Bäuche
bauen
Baum, Bäume
beginnen, begann, begonnen
bei
Bein
Beispiel
beißen, biss
beobachten
bequem
bereits, **bereit**
Beruf
besser
Bett
bevor
bewegen, bewegt
bezahlen
biegen, bog
Biene
Bild, Bilder

bin
Birne
bis
bisschen
bist
bitten
Blatt, Blätter
blau
bleiben, bleibt
blicken, **Blick**
blind, Blinde
Blitz, blitzen
Block
bloß
blühen, blüht
Blüte
Blume
Boden
bohren
Boot
böse
boxen
Brand
braun
brav
brennen, brannte
Brief
Brille
bringen, bringt
Brot,

Brötchen
Brücke
Bruder
Buch
bunt
Busch

C

Cent
Christ
Christbaum
Clown
Computer

D

da
danken
dann
das
dass
Decke, **entdecken**
dein, deine, deiner
dem
den
denken
denn
der
des
deutlich
deutsch, Deutschland
Dezember

dich
dick
die
Dienstag
dies, diese,
 dieser
dir
Diskette
doch
Donner,
 donnern
Donnerstag
Draht,
 Drähte
draußen
dreckig,
 Dreck
drehen
drei
drücken,
 Druck
du
dumm,
 Dummheit
dunkel
dünn
durch
Durst,
 durstig

Ecke,
 eckig
ehrlich
Ei, Eier
eigentlich
ein, eine,
 einer
eins
elf
Eltern

empfinden,
 empfindlich
Ende
eng
Ente
entfernen,
 Entfernung
entgegen
entwickeln,
 Entwicklung
er
Erde
erlauben,
 Erlaubnis
erleben,
 Erlebnis
erwarten,
 Erwartung
erzählen,
 Erzählung
es
essen, isst
euch, euer,
 eure
Eule
Euro
Europa

F

fahren,
 fährt
fallen,
 fällt
Familie
fangen,
 fängt
Februar
Fehler,
 fehlerfrei
fein
Feld,

Felder
Fenster
Ferien
Fernseher,
 fernsehen
fertig
fett, Fett
feucht,
 Feuchtigkeit
Feuer
Fichte
finden
Finger
Fleiß,
 fleißig
fliegen,
 fliegt
fließen,
 floss
Flügel
Flugzeug
Fluss,
 Flüsse
flüssig,
 Flüssigkeit
fragen,
 fragt
Frau
frei,
 Freiheit
Freitag
fremd,
 Fremde
fressen,
 frisst, fraß
freuen,
 Freude
Freund,
 Freundin
Frieden,
 friedlich
frieren, fror
frisch

fröhlich,
 Fröhlichkeit
Frucht
Frühling
Fuchs
fühlen,
 Gefühl
führen,
 Führung
füllen,
 Füller
fünf
für
Fuß

G

ganz,
 ganzer,
 ganze
Garten
Gebäude,
 bauen
geben, gibt
Geburt,
 Geburtstag
Gefahr,
 gefährlich
geheim,
 Geheimnis
gehen, geht
gelb, gelbe
Geld,
 Gelder
Gemeinde
Gemüse
Geschäft,
 schaffen
geschehen,
 geschieht
Gesetz
Gesicht

gestern
gesund, gesunde
gewinnen, gewann, gewonnen
Gewitter
gießen, goss
glatt
Glück, glücklich
glühen
Gott
Gras, Gräser
groß, größer
grün
grüßen
gut

H

Haare
haben, hat
Hals
halten, hält
Hand, Hände
Handy
hängen, Hang
hart, härter
Hase
häufig, Haufen
Haus, Häuser
Haut, Häute
Hecke

heiß
heißen
heizen, Heizung
helfen, hilft, Hilfe
hell
Hemd, Hemden
her
Herbst
Herr
herstellen, **Herstellung**
heute
Hexe
hier
Himmel
hin
hinter
Hitze
hoffen, **hoffentlich**
Höhe
Höhle, hohl
hören
Hose
Hund, Hunde
hundert
Hunger, **hungrig**

I

ich
Igel
ihm
ihn, ihnen
ihr, ihre
im

immer
impfen, Impfung
in
Information, informieren
ins
Interesse, **interessant**
ist

J

ja
Jahr
Januar
jede, jeder, jedes
jemand, jemanden
Jugend, jugendlich
Juli
jung, Junge
Juni

K

Käfer
Käfig
Kalender
kalt, Kälte
Kamm, kämmen
Katze
kaufen
kein, keine, keiner
kennen, kannte
Kiefer

Kind, Kinder
klar, erklären
Klasse
Kleid, Kleider
klein
klettern
kommen
Kompass
können, kann
Kopf
Körper
kräftig, Kraft
krank
kratzen
Kraut, Kräuter
Kreuz, Kreuzung
kriechen, kroch
Krieg, Kriege
Kuh, Kühe
kühl, **kühlen**
Kuss

L

Land, Länder
lang, länger
Lärm
lassen, lässt

Laub
laufen,
　läuft
laut
leben,
　lebt
legen,
　legt
Lehrer,
　Lehrerin
leicht
leise
lernen
lesen,
　liest
letzte,
　letzter
leuchten
Leute
Lexikon
Licht
lieb,
　lieben
Lied,
　Lieder
liegen,
　liegt
links
Löffel
Lohn,
　belohnen

M

machen
Mädchen
Magnet
Mai
malen
man
Mann,
　Männer

März
Maschine
Maß
Maus,
　Mäuse
Medien
Meer
mehr
mein, meine,
　meiner
messen,
　misst,
　maß
Messer
mich
Miete
Minute
mir
mit
Mittag,
　Mitte
Mittwoch
mixen
Monat
Montag
Moos
morgen
Müll
Mund,
　Münder
müssen,
　muss
Mutter

N

nach
Nacht,
　Nächte
nah, Nähe
nähen, **Naht**
Nahrung,
　ernähren
Name
Nase
nass, Nässe
Natur,
　natürlich
Nebel
nehmen,
　nimmt
nein
neu
neun
nicht, nichts
nie
niemals
niemand,
　niemanden
November
Nummer,
　nummerieren
nun
nur
Nuss
nützen,
　nützlich

Ö

ob
Obst
oder
offen
oft
ohne
Ohr
Oktober
Onkel
Ostern

P

packen,
　Päckchen
Paket
Papier
Pass,
　Pässe
passen
Pferd,
　Pferde
pflanzen
pflegen,
　pflegt
Pilz
Pizza
Platz,
　Plätze
plötzlich
Pommes
Programm
Puppe

Qu

Quadrat
quaken
quälen,
　Qual
Quelle

R

Radio
raten,
　Rätsel
Raupe
rechnen
rechts
Recycling
reden

Regen
Reh, Rehe
reich
reisen
reißen, riss
rennen,
   rannte
richtig
riechen,
   Geruch
Rock
rollen
rot
Rücken
rufen
Ruhe, **ruhig**
rühren

S

Saft, Säfte
sagen, sagt
Salz
sammeln,
   Sammlung
Samstag
Sand,
   sandig
Satz,
   Sätze
Schall
schalten,
   Schalter
scharf,
   Schärfe
Schatten
schauen
scheinen
Schere
schieben,
   schob
schief

schimpfen
schlafen,
   schläft
schlagen,
   schlägt
schließen,
   schloss
schließlich
Schlüssel
schmecken
Schmetterling
Schmutz,
   schmutzig
Schnee
schneiden
schnell
schon
schön
Schreck,
   schrecklich,
   erschrecken
schreiben,
   schreibt
schreien
Schuh,
   Schuhe
Schule
schütteln
schützen,
   Schutz
schwarz
schweigen,
   schwieg
Schwester
schwierig,
   Schwierigkeit
schwimmen,
   schwamm,
   geschwommen
schwitzen
sechs
See
sehen, sieht

sehr
Seife
sein, seine,
   seiner
seit
Sekunde
September
setzen,
   besetzt
sich
sie
sieben
sind
singen, singt
sitzen, sitzt
Skizze,
   skizzieren
so
Sohn
sollen
Sommer
Sonne
Sonntag
Spagetti
sparen
Spaß, Späße
spät,
   verspäten
Spaziergang,
   spazieren
Spiegel,
   spiegeln
spielen
Spitze,
   spitz
Sport
Stadt,
   Städte
Stamm,
   Stämme
Stängel,
   Stange
stark,

stärken
stehen,
   steht
stellen
Steuer,
   steuern
Stiel
Stift
still
stimmen,
   bestimmt
Stirn
Stoff
Strand,
   Strände
Straße
Strauch,
   Sträucher
Strauß,
   Sträuße
streiten,
   Streit
strömen,
   Strom
Stück
Stuhl
Stunde
Sturm,
   stürmisch
suchen
süß,
   Süßigkeit

T

Tag, Tage
Tanne
Tante
Tasche
Tasse
tausend,
   tausende

Taxi
Technik
Teddy
Tee
Telefon
Teller
Temperatur
Text
Theater
Thermometer
tief, Tiefe
Tier
Tochter
tragen, trägt
Träne
Traum,
   träumen
treffen,
   trifft, traf,
   getroffen
treu
trinken
trocken
turnen

U

üben, übt
über
überqueren
Uhr
um
umkehren
und
ungefähr
uns, unsere,
   unser
unten,
   unter
Unterricht
Urlaub

V

Vase
Vater
verbieten,
   verbot
verbrauchen
verbrennen,
   verbrannte,
   Verbrennung
Verein,
   Vereine
vergessen,
   vergisst,
   vergaß
Verkehr
verletzen,
   Verletzung
verlieren, verlor
verpacken,
   Verpackung
verschmutzen,
   Verschmutzung
versuchen
viel
vielleicht
vier
Vogel
voll,
   vollständig
vom
von
vor
Vorfahrt
vorsichtig,
   Vorsicht

W

wachsen,
   wuchs,
   Gewächs
wählen,

Wahl
während
Wald,
   Wälder
wann
warm,
   Wärme
warten
warum
was
waschen,
   wäscht
Wasser
wechseln
Weg, Wege
Weihnachten
weil
weiß
weit
weiter
welche,
   welcher
wem
wen
wenig
wenn
wer
Wetter
wichtig
wie
wieder
wiegen, wog
Wiese
wild, wilde
Wind, Winde
Winter
wir
wissen, weiß,
   wusste
wo
Woche
wohnen
wollen, will

Wort
wünschen
Wurzel

X

Y

Z

Zahl, zählen
Zahn, Zähne
Zehe
zehn
zeichnen
zeigen, zeigt
Zeit
Zeitung
Zeugnis
ziehen, zog
Ziel, zielen
Zimmer
zu
Zucker
Zukunft,
   zukünftig
zuletzt
zum
zur
zurück
zusammen
zwei
Zwiebel
zwölf

Welche Begriffe kennst du gut?

Decke die mittlere Spalte ab. Erkläre die Begriffe. Schreibe Beispiele auf.

Begriff	Erklärung	Beispiele
Nomen	**Wortart** – kann in **4 Fällen** stehen. 1. Fall **Wer**-Fall (Frage: „Wer oder was?") 2. Fall **Wessen**-Fall (Frage: „Wessen?") 3. Fall **Wem**-Fall (Frage: „Wem?") 4. Fall **Wen**-Fall (Frage: „Wen oder was?")	
Verb	**Wortart** – kann in Gegenwart, Vergangenheit oder Zukunft stehen.	
Artikel, best./unbest.	**Wortart**, gehört zum Nomen.	
Adjektiv	**Wortart** – Adjektive können wir **steigern**.	
Pronomen	**Wortart**, steht für (**pro**) ein **Nomen**.	
Bindewort	**Wortart**, verbindet Sätze miteinander.	
Subjekt / Satzgegenstand	**Satzglied**, ist ein Nomen oder ein Pronomen. Frage: „**Wer oder was?**"	
Prädikat / Satzaussage	**Satzglied**, ist immer ein Verb. Frage: „**Was macht jemand?**" oder „**Was geschieht?**"	
Satzergänzung / Objekt	**Satzglied**, ergänzt und erweitert einen Satz. Es steht im 3. Fall (Frage: „**Wem?**") oder im 4. Fall (Frage: „**Wen oder was?**")	
Ortsangabe	**Satzglied**; Frage: „**Wo?**", „**Woher?**" oder „**Wohin?**"	
Zeitangabe	**Satzglied**; Frage: „**Wann?**", „**Wie oft?**" oder „**Wie lange?**"	
Gegenwart / Präsens	**Zeitform**; wenn etwas gerade geschieht, erzählen und schreiben wir so.	
1. Vergangenheit / Imperfekt	**Zeitform**; wenn etwas früher geschehen ist, schreiben wir meistens so.	
2. Vergangenheit / Perfekt	**Zeitform**; wenn etwas früher geschehen ist, erzählen wir oft so.	
Zukunft / Futur	**Zeitform**; wenn etwas später geschehen wird, können wir so erzählen und schreiben.	
Wortstamm	Er nennt **die Grundbedeutung eines Wortes**. Der Wortstamm kann sich verändern.	
Wortfamilie	Wörter einer Wortfamilie haben alle den **gleichen** oder einen **ähnlichen Wortstamm**.	
Wortfeld	Wörter mit **ähnlicher Bedeutung** gehören zu einem Wortfeld.	
Wörtliche Rede	Sie gibt an, was jemand sagt. Sie wird durch **Anführungszeichen** gekennzeichnet. Der **Begleitsatz** kann vorne oder hinten stehen.	